Die in diesem Buch dargestellten Zusammenhänge, Erlebnisse und Thesen entstammen den Erfahrungen und/oder der Fantasie des Autors und/oder geben seine Sicht der Ereignisse wieder. Etwaige Ähnlichkeiten mit lebenden Personen, Unternehmen oder Institutionen sowie deren Handlungen und Ansichten sind rein zufällig. Die genannten Fakten wurden mit größtmöglicher Sorgfalt recherchiert, eine Garantie für Richtigkeit und Vollständigkeit können aber weder der Verlag noch der Autor übernehmen. Lesermeinungen gerne an feedback@conbook.de

Besuchen Sie uns auf www.facebook.com/conbook

1. Auflage

www.conbook-verlag.de
www.heimatbuch.de

In der Reihe **»Heimatbuch«** bisher ebenfalls erschienen:

Berlin	Murat Topal	ISBN 978-3-934918-84-9
München	Sarah Hakenberg	ISBN 978-3-934918-91-7
Ostfriesland	I. Lienemann & K. Jakob	ISBN 978-3-934918-87-0
Schwabenland	Holger Hommel	ISBN 978-3-934918-90-0
Westfalen	Mischa-Sarim Vérollet	ISBN 978-3-934918-93-1
Wien	Buchgraber & Brandl	ISBN 978-3-934918-88-7

Projektleitung und Lektorat: Christiane Barth
Einbandgestaltung: Linda Kahrl
unter Verwendung des Bildmotivs © himberry / photocase.com
Satz: Linda Kahrl

Druck und Verarbeitung: Ebner & Spiegel GmbH, Ulm

Printed in Germany

ISBN 978-3-934918-89-4

Christian Bartel

Für eine Handvoll Kamelle

RHEINLAND

ein Heimatbuch

Das Rheinland gilt als größte zusammenhängende Frohnatur Europas und zieht mit seinen reizvollen Umgehungsstraßen und voll verklinkerten Ortschaften mehr Touristen an als Nowosibirsk und der Mond zusammen. Auch Landschaft ist vorhanden. Sie besteht aus Kohlfeldern, etwas Gebüsch und einem Fluss, dessen Ränder vollkommen mit Burgruinen überkrustet sind.

An den neblichten Ufern des Rheins wurde einst die Romantik erfunden, die der Rheinländer seither mithilfe von prächtigen Karnevalsumzügen zu vertreiben versucht. Karneval ist eine Art Bürgerkrieg in lustig und neben obergärigem Bier die größte eigenständige Kulturleistung der Rheinländer. Der Dom zählt nicht, den haben die Preußen zu Ende gebaut.

Aber auch bedeutende Zivilisationen haben ihre Spuren entlang des Rheins hinterlassen: Die Römer haben Köln gegründet und wieder aufgegeben, die Bundespolitik dagegen eine Hauptstadt namens Bonn, geblieben ist immer bloß der Rheinländer.

Der gelernte Rheinländer **Christian Bartel** (*Zivildienstroman*) stellt den grundlos frohsinnigen Menschenschlag vor und nimmt den Leser mit auf eine Expedition ins Herz der Finsternis zwischen Düsseldorf und Koblenz. Auch kontroverse Fragen werden diskutiert: Wie kommuniziert der Rheinländer? Überlebt man einen Rosenmontagszug bei vollem Bewusstsein? Gibt es menschliches Leben in der Eifel?

Christian Bartel, 1975 geboren in Bonn, ist Rheinländer mit Migrationshintergrund. Er ist Mitglied mehrerer Lesebühnen und wurde 2005 deutscher Vizemeister im Poetry-Slam; außerdem schreibt er regelmäßig Satiren für die *taz*. Sein erster Erzählungsband *Seit ich Tier bin* erschien im Herbst 2008, sein *Zivildienstroman* 2011 bei Carlsen. Christian Bartel lebt mal auf dieser, mal auf jener Rheinseite, aber noch immer in Bonn.

Inhalt

Inhalt

Inhalt

Wie man das Rheinland findet

Das Rheinland ist recht einfach zu finden, denn es liegt genau im Zentrum des Universums. Das glaubt zumindest der Rheinländer. Auf alten Karten ist das Rheinland deswegen als goldene Stadt auf dem Hügel inmitten in einer Wüstenei eingezeichnet, die meist mit dem Satz *Hic sunt westfalii* oder einem Verbotsschild markiert ist.

Dieses übrige Universum, das nach der Vorstellung des Rheinländers ohnehin nur bis an die Nordsee reicht, erscheint dem Rheinländer als Hort schrecklicher Monstren, Menschenfresser und Protestanten, während seine Heimat selbstredend ausschließlich von ausgesucht gastfreundlichen, liebenswerten sowie rechtgläubigen Geschöpfen bewohnt wird.

Der Rheinländer hält sich selber für einen gutwilligen Hobbit, den Rest der Weltbevölkerung aber für eine Horde böswilliger und übel riechender Orks. Diese Einschätzung hält ihn allerdings nicht davon ab, sich selbst zudem für ausgesprochen tolerant zu halten.

Tatsächlich liegt das Rheinland aber ganz kommod im westlichen Bürzel der Bundesrepublik, wo das Klima zwar ziemlich feucht, aber immerhin mild, die Arbeitslosigkeit verhältnismäßig niedrig und die Verkehrsanbindung gut ist. Allerdings sind die Mieten relativ hoch, weswegen der Rheinländer sein Wohnzimmer in die nächste Eckkneipe zu verlegen pflegt.

Die Beneluxstaaten sind nur einen Katzensprung entfernt, und kurz hinter Aachen riecht man schon die Nordsee, zumindest wenn der Wind günstig steht und im Ärmelkanal wieder mal ein Chemiefrachter gekentert ist.

Zum Mittelmeer ist es natürlich *üsselich* weit, aber dieses Manko versucht der Rheinländer mit der Zurschaustellung einer angeblich »mediterranen Mentalität« zu kaschieren, die in Wirklichkeit so mediterran ist, wie panierte Hühnerfetzen in süß-saurer Tunke chinesisch sind.

Man ist also ziemlich schnell im Rheinland. Allerdings ist man auch genauso schnell wieder weg. Nacheinander kamen und gingen Römer, Franzosen und Preußen, die erst 1999 wieder abzogen, als der Regierungssitz von Bonn zurück nach Berlin verlegt wurde.

Die erste städteverbindende Autobahn wurde übrigens im Rheinland eröffnet, und zwar nicht von Hitler, sondern bereits 1932 vom Kölner Oberbürgermeister Konrad Adenauer.

Notfalls kann man also schnell aus dem Rheinland fliehen, falls in der Eifel die Vulkane oder in Köln der Karneval ausbricht. Das beruhigt ungemein.

Das Rheinland liegt vor allem links, aber auch durchaus rechts des südlichen Niederrheins und des nördlichen Mittelrheins, so etwa zwischen Koblenz und Düsseldorf. Der Rhein selber ist natürlich insgesamt etwas länger, aber das interessiert den Rheinländer nicht. Alles andere ist bloß Ufer, findet er, und die übrigen Flussanrainer von Schaffhausen bis Rotterdam sollen sich gefälligst andere Namen für ihre Landschaften ausdenken. Erstaunlicherweise ist der Rheinländer mit dieser unverfrorenen Nummer durchgekommen, weswegen es heute Bezeichnungen wie Rheinfranken oder Rheinhessen gibt. Die Bezeichnung »Rheinland« ist also ziemlich unpraktisch, aber mal ehrlich, der Name »Ostwestfalen« ist auch irgendwie verwirrend.

Nördlich des Rheinlandes erstreckt sich majestätisch, aber auch eintönig wie ein Nebelhorn die Niederrheinische Tiefebene mit ihren endlosen, wogenden Grasfeldern und den riesigen Büffelherden, die das weite Land durchstreifen. Zugegeben, Büffelherden gibt es dort schon seit der Steinzeit nicht mehr, aber ansonsten erinnert dieses platte Land doch sehr an die amerikanischen Great Plains. Dort soll ja ähnlich wenig los sein.

Wenn man eine Gebirgsallergie hat und es ansonsten eher beschaulich haben will, ist man in dem Landstrich zwischen Kleve und Düsseldorf jedenfalls gut aufgehoben. Der Rhein ist dort immerhin sehr schön anzuschauen: Breit wie der Mississippi an einem besonders schwermütigen Tag schwappt er gemächlich durch die Wiesen, und schon auf Stirnhöhe hängen regenschwangere Wolkenklöpse herum, die einem fies auf das Gemüt schlagen können, wenn man versehentlich dagegenstößt. Der Niederrheiner ist deswegen von eher gedrungener Gestalt und trägt den Kopf fest zwischen die Schultern gepresst. Dennoch ist er ein wackerer Geselle, über den man nichts Schlechtes sagen soll. Er selber sagt ja auch nichts. Karneval kann der Niederrheiner wegen seines chronisch unterschäumenden Temperaments aber überhaupt nicht und kann aus diesem Grund von Amts wegen nicht als Rheinländer geführt werden.

Erreicht man das Rheinland vom Ruhrgebiet aus, wird man freudig feststellen, dass der Menschenschlag augenblicklich weniger schmerzhaft wird. Wegen des 150-jährigen Einsatzes in den engen Stollen unter Tage haben die Menschen im Ruhrgebiet kräftige Arme sowie flache Stirnen und reden, als gelte es eine Kohlefräse zu übertönen.

Noch heute beginnen sie jeden Satz mit einem gebrüllten »*Hömma!*«. Fachliche Diskussionen jedoch tragen sie nach wie vor am liebsten mit den Fäusten aus, daran haben auch zwei, drei Generationen in der Arbeitslosigkeit nichts ändern können.

Die Einwohner des ehemals rußgeschwärzten Landstriches gelten allerdings als ehrlich und zupackend, was man dem Rheinländer nun wirklich nicht nachsagen kann. Das Wort »Maloche« lässt sich beispielsweise überhaupt nicht ins Rheinische übersetzen. Im Gegensatz zum rhetorisch ausschweifenden Rheinländer nennt der Ruhrgebietler die Dinge außerdem gern beim Namen. »Trinkhalle« wird in Köln etwa euphemistisch »Kiosk« genannt, dient aber exakt demselben Zweck wie im Ruhrgebiet und hat genauso lange auf.

Kurz hinter Duisburg reißt auch endlich einmal die flächendeckende Bebauung des Ballungsraumes an der Ruhr auf, die dort lediglich von riesigen Schrottplätzen und aufgelassenen Zechengeländen aufgelockert wird. Südöstlich erhebt sich ein bewaldeter Hubbel, der Bergisches Land genannt wird und zum Rodeln benutzt werden kann, links daneben ist eine Wiese mit Düsseldorf drauf. Die Bebauung setzt dann aber erst so richtig wieder am Speckgürtel Kölns ein, der derart mit hässlichen Doppelhaushälften vollgerümpelt ist, dass man sich die Schrottplätze des Ruhrgebiets oder sogar Düsseldorf zurückwünscht.

Kommt man vom westlich gelegenen Belgien, erkennt man den Übergang zum Rheinland daran, dass die Vorgärten gepflegter, die Häuser gekachelter werden, das Essen aber schlechter wird. Außerdem sind die Autobahnen nicht mehr so hübsch beleuchtet und die Soßenauswahl zu den Pommes beschränkt sich auf *ruut* und *wieß*.

Die Gegend um Aachen herum gehört aus historischen Gründen schon zum Rheinland, außerdem haben die Aachener sonst keine Region gefunden, bei der sie mitmachen durften. Im Oktober 1923 wurde im dortigen Rathaus sogar die »Freie und unabhängige Republik Rheinland« ausgerufen, bis man zwei Wochen später bemerkte, dass die Stadt gar nicht am Rhein liegt. Mittlerweile nennt man sich ganz chic »Euregio Maas-Rhein«, aber wie klingt denn das? Man will doch in nichts wohnen, das heißt wie ein graffitiverschmierter Nahverkehrszug, der in einem gottverlassenen Provinzbahnhof vergessen wurde. Andererseits passt es auch wieder. Zumindest die Weiler des Aachener Umlandes wie Würselen, Stolberg und Eschweiler sind von wirklich sehenswerter Unwirtlichkeit, zumal alle Gebäude dort aus unbehauenen Braunkohlebrocken errichtet wurden.

Stößt man aus östlicher Richtung, also durch die eisigen Tundren Nordhessens ins Rheinland vor, ist man dagegen froh, überhaupt wieder Spuren menschlicher Zivilisation zu finden, auch wenn es sich dabei bloß um Bergisch Gladbach handelt.

Direkt an das Bergische Land an der östlichen Flanke des Rheinlandes grenzt das Sauerland, das sich von diesem allein dadurch unterscheidet, dass es noch bergiger ist. Allerdings trägt das Bergische Land seinen Namen nur wegen der einst herrschenden Herzöge, die Berg hießen.

Das Sauerland dagegen heißt Sauerland, weil es entweder wegen der schlechten Verkehrsanbindung nur schwer

(»suur«) zu bereisen war oder südlich (»Süderland«) der Grafschaft Mark lag, zu der es gehörte, und die Markgrafen keinen Bock hatten, sich einen eigenen Namen für die paar Hügel auszudenken. Niemand weiß das so genau, vor allem, weil es niemanden so recht interessiert. Die bekanntesten Sehenswürdigkeiten des Sauerlandes sind Tropfsteinhöhlen und andere Relikte aus grauer Vorzeit, wie etwa Friedrich Merz.

Südlich des richtigen Rheinlandes wurde ein Rheinland in niedlich aufgebaut. Dieses Mittelrheintal genannte Rentnerparadies zählt zum Weltkulturerbe, allerdings bloß der Teil südlich von Koblenz, der nicht mehr zum Rheinland gehört. Aber das macht nichts, denn auch im Rheinland gibt es Weltkulturerbe, zum Beispiel den Kölner Dom und die Korruption, die sich pittoresk um diesen herumschlängelt.

Am oberen Mittelrhein dagegen gibt es Burgen und Wein, so weit das Auge reicht, Dönerbuden mit Speisekarten in Frakturschrift, und sogar die Supermärkte sind aus Fachwerk. Nette, alte Menschen mit Gesichtern wie verschrumpelte Äpfel sitzen im Sonnenuntergang auf laubumkränzten Bänkchen und grüßen freundlich alle Spaziergänger. Aber nichts davon ist echt, sondern Teil einer üblen Touristenfalle, die Rheinland-Pfalz heißt und von Helmut Kohl regiert wird. Oder von seinem Bruder. Auf jeden Fall von so einem Dicken mit Sprachfehler.

Koblenz gehört trotzdem zum richtigen Rheinland, weil es mal Hauptstadt der preußischen Rheinprovinz war und Karneval feiern kann wie nichts Gutes. Dabei muss man allerdings fortwährend »Olau« rufen, sodass man sich furchtbar zum Narren macht, was andererseits auch wieder Sinn der Veranstaltung ist.

Als befreundetes Ausland grüßen vom Nordwesten die Niederlande, mit denen das Rheinland eine symbiotische

Beziehung eingegangen ist. Während es die Rheinländer an den Wochenenden nämlich an die Nordsee zieht, können die Niederländer die frei gewordenen Ufer des Rheins mit ihren Wohnwagen okkupieren. Außerdem werden sie dringend zur Besichtigung des Drachenfelses benötigt, der sonst vollkommen unbeachtet in der Landschaft herumstehen würde.

In karnevalistischer Hinsicht muss man zumindest die südlichen Niederlande unbedingt zum Rheinland zählen, denn kaum ein Karnevalszug bleibt mittlerweile noch von Gastauftritten niederländischer Spielmannszüge verschont, die sich allesamt durch eine Vorliebe für großformatige Blasinstrumente, behämmerte Fantasieuniformen mit goldenen Tressen und galoppierende Trunksucht auszeichnen. Unter anderem deswegen werden sie von ihren Landsleuten aus dem Norden für bescheuert gehalten. Auch dies ist ein Schicksal, das vom Rheinländer geteilt wird.

Wie man das Rheinland bereist

Das Rheinland ist mit festem Schuhwerk oder einem geeigneten Automobil ganzjährig zu bewältigen, die Häfen sind auch im tiefsten Winter eisfrei, die Pässe des Vorgebirges sogar während der Schneeschmelze passierbar. Wenn Sie eher introvertierten Charakters oder ruhebedürftig sind, sollten Sie allerdings nicht unbedingt den Karneval als Reisezeit wählen.

Als Verkehrsmittel zu Lande empfehlen sich Maulesel oder Nahverkehrszug, für Flugzeug, Flugzeugträger oder ICE ist das Rheinland eigentlich zu klein. Die Bahnstrecke entlang des Mittelrheins, der wenigstens teilweise dem Rheinland zuzuschlagen ist, ist eine der hübschesten überhaupt, es sei denn, man wohnt direkt daneben. Dann ist sie bloß eine der lautesten.

Idealerweise bereisen Sie das Rheinland per Schiff, die meisten interessanten Stätten liegen ohnehin fußläufig zum Strom. Als geeignete Rheinschiffe gelten Schubverband oder Ausflugsdampfer, vor selbst organisierten Tretbootreisen hingegen ist zu warnen. Eine kurze Schiffsreise für den kleinen Geldbeutel ist aber auch schon mit einer der Autofähren möglich, die allenthalben den Rhein überqueren.

Tipp: Der Rhein ist sommers fast vollständig mit Ausflugsdampfern bedeckt, sodass Sie ohne Probleme trockenen Fußes hinübergelangen können, indem Sie von Boot zu Boot springen.

Als Ausgangspunkt für Rheinland-Expeditionen können Sie jede beliebige Stadt zwischen Koblenz und Düsseldorf wählen. Gegen geringes Handgeld können Sie in jeder Eckkneipe Einheimische als Träger oder Fremdenführer rekrutieren, die zum vereinbarten Termin allerdings nicht auftauchen werden, denn so gebietet es der strenge Ehrenkodex rheinischer Handwerker.

Die medizinische Versorgung des Rheinlandes entspricht mitteleuropäischen Standards, der Humorstandard hingegen ist eine ganz eigene Geschichte.

Gesellschaftliche Großereignisse außerhalb des Karnevals

Japantag in Düsseldorf

Ein hochgradig interessantes und exotisches Spektakel zwischen Alt und Zen gibt es in Düsseldorf zur Zeit der Kirschblüte im Mai oder Juni zu bewundern. Die selbstbewusste und durchaus zahlreiche japanische Gemeinde der Stadt macht mobil und lädt ganz Düsseldorf zum Japantag ein. Mittlerweile folgen fast eine Million Menschen diesem Ruf und haben das einstige Gemeindefest zum größten japanischen Kulturfest Europas mit Manga, J-Rock, Cosplay, aber auch traditionelleren japanischen Künsten werden lassen.

www.japantag-duesseldorf-nrw.de

Pützchens Markt

Um das Jahr 1000 herum stieß die heilige Adelheid, Äbtissin des örtlichen Benediktinerinnenklosters, ihren Stab resolut in den rheinischen Boden, da wegen der anhaltenden Trockenheit eine Hungersnot drohte. Sofort sprudelte eine Quelle hervor, weswegen der kleine Ort bei Bonn fürderhin Pützchen, also »Brünnchen« genannt wurde und ins Wallfahrtsgeschäft einstieg. Heute erinnert in jedem September eine riesige Kirmes an das feuchte Wunder. www.puetzchens-markt.de

Rhein in Flammen

Rhein in Flammen ist ein großes Feuerwerksspektakel entlang des Mittelrheins zwischen Rüdesheim und Bonn. Das ursprünglich ganz hübsche Fest hat sich zu einem riesigen Event gemausert, bei dem kein Durch- noch Entkommen ist. www.rhein-in-flammen.com

Musikalische Großveranstaltungen

* **c/o-Pop**, Köln
  (Festival mit Kongress, Elektro bis Pop), www.c-o-pop.de

* **Rheinkultur**, Rheinaue Bonn
  (Umsonst & Draußen, Eklektisches auf drei Bühnen), www.rheinkultur.com

* **Summer Jam**, Fühlinger See, Köln (Reggae), http://summerjam.de

* **Open Source**, Galopprennbahn Düsseldorf (Elektro und Indie), www.open-source-festival.de

* **Horizonte Festival**, Festung Ehrenbreitstein, Koblenz (Weltmusik), www.horizonte-festival.de

* **Amphi-Festival – The Orkus Open Air**, Tanzbrunnen Köln (Düsteres von EBM und Gothic Rock bis Neofolk), www.amphi-festival.de

* **Kölner Musiknacht**, diverse Orte in Köln, (Neue, Alte und improvisierte Musik der menschlichen Stimme), www.koelner-musiknacht.de

Was bisher geschah – Die Geschichte des Rheinlands

Neandertaler und Co.

Wie die Evolutionslehre bis ins Rheinland kam

Als zwei italienische Arbeiter an einem heißen Augusttag des Jahres 1856 in einem Steinbruch bei Düsseldorf, so etwa zwischen Erkrath und Mettmann, den Lehm aus einer Höhle schaufelten, konnten sie nicht ahnen, dass sie damit der Evolutionslehre des Engländers Charles Darwin einen unschätzbaren Dienst erweisen sollten. Wie auch? Darwins Werk »Die Entstehung der Arten« sollte erst 1859 erscheinen und würde im katholischen Rheinland ohnehin erst einmal für gefährliches Teufelszeug gehalten werden.

Und so buddelten die Italiener einfach weiter und versaubeutelten nebenbei auch noch eines der schönsten Naturdenkmäler des Niederbergischen Landes, was freilich nicht den beiden Gastarbeitern, sondern dem Fortschritt im Allgemeinen und der »Actiengesellschaft für Marmorindustrie im Neanderthal« im Speziellen anzulasten ist. Diese hatte nämlich ein paar Jahre zuvor begonnen, die hübschen Kalkfelsen des Neandertals abzutragen, um mit dem Gestein die hungrigen Öfen der Industrialisierung zu füttern. Besonders im Ruhrgebiet, aber auch im nahe gelegenen Hüttenwerk von Hochdahl wurde der Kalkstein nicht bloß als Baumaterial, sondern vor allem in gebrannter Form als basischer Zusatzstoff für die Verhüttung von Eisen gebraucht, damit das damals mehrheitlich agrarisch geprägte Deutschland den Rückstand zum führenden England aufholen und seinen Platz unter den fortschrittlichen Nationen mit ihren »Kathedralen der Arbeit« einnehmen konnte.

»Porco dio«, werden die beiden italienischen Kollegen gedacht haben, als es unter ihren Schaufeln knackte und sie kurz darauf jene Knochenfragmente zutage förderten, die dem Neandertal den mittlerweile heiß umkämpften Titel »Wiege der Menschheit« und dem ausgehenden Jahrhundert einen saftigen Gelehrtenstreit bescheren sollten.

Als sie schließlich auch noch einen Schädel fanden, wurde ihnen die Sache doch ein wenig mulmig. Unentschlossen betrachteten sie dessen wuchtige Überaugenwülste und die niedrige Stirn. »Der sieht aus wie du, Enzo«, wird einer der beiden ausgerufen haben, nicht ahnend, dass er damit das vernichtende Verdikt des berühmten Mediziners Rudolf Virchow vorwegnehmen sollte, der den Neandertaler für einen neuzeitlichen Schwachsinnigen hielt, welcher in seiner Kindheit obendrein an Rachitis gelitten hatte.

»Enzo, fang mal, hier is Kollega von dir«, wird er gerufen haben, und dann schleuderte er dem blöden Enzo den Knochen zu, doch weil der noch nie besonders schnell und schon gar nicht gut im Fangen gewesen war, zerbrach der dominante Unterkiefer, der den Neandertaler auszeichnet, und ging für diesmal der Forschung verloren.

»Mit mir kann man's ja machen«, wird sich der blöde Enzo gedacht haben, wog den Schädel in seinen schaufelförmigen Händen und überlegte, ob er tatsächlich einem fernen Verwandten ins beinerne Antlitz starrte. »Hallo, Opa«, sagte er deswegen freundlich zum Schädel, und ihm war, als lächele der freundlich zurück.

Über 150 Jahre später sollte Svante Pääbo vom Leipziger Max-Planck-Institut Enzos Einschätzung widerlegen. Nur ein bis maximal vier Prozent des Erbguts von Neandertalern sind in demjenigen des modernen Menschen vorhanden, stellte der schwedische Paläogenetiker in der Fachzeitschrift »Science« klar, nachdem er die DNA des Neandertalers untersucht hatte. »Unsere Untersuchung deutet darauf hin, dass der Neandertaler ausstarb. Unsere Vorfahren haben ihn entweder ausgerottet oder verdrängt.«

In Gedanken versunken kratzte Enzo sich die niedrige Stirn über den wulstigen Augenbrauen und trottete so schnell zum Vorarbeiter, wie es seine rachitischen Knochen eben erlaubten.

Und wenn unser Enzo, von dem wir freilich nicht wissen, ob es ihn denn gegeben hat, auf dem Weg nicht dem Steinbruchbesitzer Wilhelm Beckershoff begegnet wäre und dieser nicht in leutseliger Stimmung gewesen wäre, würde der Schädel des ersten nachweisbaren Rheinländers wohl bei dessen übrigen Knochen auf der Abraumhalde und damit auf dem Müllhaufen der Geschichte gelandet sein.

Beckershoff war ein gelehrter Mann und Mitglied des »Naturwissenschaftlichen Vereins von Elberfeld und Barmen«, in dem er schon so einigen Vorträgen des Lehrers und begeisterten Naturforschers Johann Carl Fuhlrott hatte lauschen dürfen, der diese Gesellschaft nicht nur gegründet hatte, sondern ihr auch bis zu seinem Tode vorstand. »Mit einem alten Knochen ist dem alten Knochen doch immer eine Freude zu machen«, wird sich Beckershoff gedacht haben, zumal er froh war, mit diesem unverhofften Fund den beschwerlichen Exkursionen unter der Fuchtel des gestrengen Realschullehrers entkommen zu können, die der Schüler Otto Huffmann 1838 in einem privaten Beschwerdebrief so beschrieb: »Morgens um 5 zogen wir mit zwei Botanisierbüchsen, einer voll Apfelsinen ab, und verliefen uns in der abscheulichen Hitze so oft und so bedeutend, dass wir schon um 10 Uhr die Mühle erreichten. Abgehungert und ich wenigstens halb todt traten wir herein und aßen dort ein Butterbrod, was gegen Mittag verzehrt war. Dann gingen wir ins Gestein selbst, wo wir bis 3 herumliefen. Dann kehrten wir zum Wirtshaus zurück, tranken Kaffee und zogen um H fünf ab.«

Beckershoff jedenfalls nahm den lehmbeschmierten Schädel seinem ungeschlachten Arbeiter aus der Hand und setzte Zwickel sowie Kennermiene auf, um den Fund zu begutachten.

»Das wird wohl ein Höhlenbär gewesen sein«, sprach er schließlich und landete damit eine erste profunde Fehleinschätzung, der, wie gesagt, weitere folgen sollten. Dem Steinbruchbesitzer ist dabei kein Vorwurf zu machen, bezog er sich in seinem Urteil doch auf die Studien des Bonner Geologen Johann Jakob Noeggerath, der 1852 das Neandertal und seine Höhlen forschend durchwandert war. »Der Lehm der Höhle«, schrieb er, »der gewiß in der wissenschaftlich so genannten Diluvialperiode (Sintflutzeit) der Erde gebildet worden ist, scheint noch nicht durchsucht zu sein. Nach der Analogie eines solchen Vorkommens in anderen Kalksteinhöhlen ist es nicht unwahrscheinlich, daß man in derselben urweltliche Thierknochen von Höhlenbären, Hyänen, Vielfraßen u dgl. finden könnte.«

Immerhin ließ Beckershoff die Arbeiten unterbrechen und verständigte den Vereinsvorsitzenden Fuhlrott, der die Gebeine dankend in Empfang nahm, der ungläubigen Öffentlichkeit jedoch erst volle drei Jahre später seinen erschröcklichen Befund mitteilte, schließlich hatte er hauptberuflich alle Hände voll mit der Höheren Bürgerschule in Elberfeld und der Ausrichtung abenteuerlicher Expeditionen zwischen Wirtshaus und Steinbruch zu tun. Was der Katholik und Realschullehrer Johann Carl Fuhlrott dann jedoch möglichst vorsichtig mitzuteilen versuchte, barg wissenschaftliche Sprengkraft:

»Der Fund besteht in einer Anzahl menschlicher Gebeine, die durch die Eigenthümlichkeit ihres osteologischen Charakters und die localen Bedingungen ihres Vorkommens zu der Ansicht verleiten können, dass sie aus der vorhistorischen Zeit, wahrscheinlich aus der Diluvialperiode stammen und daher einem urtypischen Individuum unseres Geschlechts einstens angehört haben.«

Damit war, zumindest für Fuhlrott und seine Unterstützer, die Existenz des fossilen Menschen bewiesen und gleichzeitig eine wissenschaftliche Anerkennung der entstehenden Evolutionstheorie impliziert.

Die rheinische Gelehrtenwelt konnte sich dieser Meinung nicht ohne Weiteres anschließen, zumal aus den feinsinnigen Schrullen hochgelahrter Männer in Gehröcken spätestens seit dem Erscheinen von Darwins Schrift »Die Abstammung des Menschen und die geschlechtliche Zuchtwahl« (1871) ein ideologisches Hauen und Stechen geworden war, in dem nichts weniger als die endgültige Emanzipation der Wissenschaft von der Religion auf dem Spiel stand.

Und so entstanden bald alternative Theorien. Der Bonner Anatomieprofessor Mayer sah in den eigentümlich gebogenen Oberschenkelknochen Symptome einer Berufskrankheit und folgerte, dass die Knochen einem kosakischen Deserteur gehören mussten, dessen Regiment unter General Tschernitscheff in dieser Gegend gelagert hatte, bevor es 1814 den Rhein Richtung Frankreich überquerte. Dies brachte Mayer den Spott seines ebenfalls in Bonn lehrenden Kollegen Hermann Schaaffhausen ein, der eben Fuhlrotts Einschätzung teilte und die Knochen 1877 vom Bonner Provincialmuseum, dem heutigen Rheinischen Landesmuseum, für 1.000 Goldmark ersteigern ließ.

Vorher nutzte jedoch Rudolf Virchow, Preußens führender Mediziner und immerhin Vorsitzender der Deutschen Fortschrittspartei, eine Abwesenheit Fuhlrotts und untersuchte die bis dato in dessen Haus gelagerten Knochen heimlich. Mit seiner Expertise, dass es sich dabei um die Überreste eines zeitgenössischen, rachitischen Idioten handeln müsse, landete der Begründer der modernen Pathologie mit einer ansonsten glanzvollen Laufbahn eine der herausragendsten Fehleinschätzungen, die er bis zu seinem Tod im Jahre 1902 auch nicht mehr korrigieren mochte.

Der ebenso einflussreiche wie durchsetzungsfähige englische Biologe Thomas Huxley, übrigens der Großvater des Schriftstellers Aldous Huxley, dessen Temperament und Weltsicht ihm den Spitznamen »Darwin's Bulldog« einbrachten, konstatierte daraufhin spitzzüngig, die Abhandlungen der Kollegen seien wohl »voller kleiner, aber schwerfälliger Scherze«, jedoch nicht im eigentlichen Sinne wissenschaftlich. Der gewiefte Empiriker bemängelte, dass keine Uniformreste bei den Gebeinen gefunden worden seien, und stellte höhnisch fest, dass sich der Kosak wohl selbst nach seinem Tod unter einer eineinhalb Meter dicken Sedimentschicht begraben haben müsse, die nach Stand der Dinge bereits vorher die Höhle ausgefüllt habe.

Johann Carl Fuhlrott selbst starb 1877, ohne dass ein Ende des ideologisch aufgeladenen Streites abzusehen gewesen wäre. Erst 1886 wurde seine Einordnung durch den Fund zweier weiterer Neandertaler im belgischen Spy belegt, und auch die Theorien Herrn Darwins bezüglich der Abstammung des Menschen setzten sich allmählich durch, aber noch 1924 wurde John T. Scopes, ein amerikanischer Berufskollege Fuhlrotts, vom Staat Tennessee verklagt, weil er es gewagt hatte, die Evolutionslehre einer Schulklasse nahezubringen.

Den Naturfreund und Wissensvermittler Fuhlrott dürfte der Triumph der Naturwissenschaften gefreut haben, hatte der gar nicht simple Realschullehrer doch schon einige Jahre vor Darwin im heimatlichen Studierstübchen eine »Idee der Einheit der Natur« entwickelt, in die er den Menschen ganz selbstverständlich mit einschloss. »Arbeiten wir also«, lesen wir in seinem Vermächtnis, »ein jeder nach seinen Kräften, an dem großen Werk der Naturkunde: auf jeder neuen Stufe, die wir erklimmen, winkt uns eine neue, stets höhere Freud: die Freude der Wissenschaft und der Erkenntnis.«

Das letzte Wort in dieser Angelegenheit soll aber der rheinische Universalgelehrte Konrad Adenauer haben, der 1926 als Kölner Oberbürgermeister den Anspruch der Stadt Düsseldorf auf den bedeutenden Fund eindrucksvoll untermauerte: »Seine geistigen Anlagen sind unterentwickelt! Die Backenknochen stehen weit vor: Das verweist auf Brutalität! Sein Unterkiefer tritt stark heraus: Das ist ein Zeichen großer Schwatzhaftigkeit. Wir dürfen, meine Damen und Herren, der schönen Stadt Düsseldorf zu diesem echten Vorfahren von Herzen gratulieren.«

Ausflüge in die Steinzeit

Rheinisches Landesmuseum Bonn

Das altehrwürdige Museum für Landeskunde von 1820 heißt seit 2008 offiziell LVR-Landesmuseum Bonn. Seit

2003 verfügt das Museum, das unter anderem die Überreste des Neandertalers, aber auch des Oberkasseler Menschen beherbergt, über eine kühne Fassade aus Holz und eine ebenso gelungene Glasumhüllung, die das Haus als riesige Vitrine erscheinen lässt.

Colmantstraße 14–16, Bonn, Di, Do, Fr–So 10–18 Uhr, Mi 10–21 Uhr, Mo geschlossen

www.rlmb.lvr.de

Neanderthal Museum

Unweit der Fundstelle im Neandertal kann man sich in einem Museum über die Entwicklungsgeschichte der Menschheit und das berühmte Skelett informieren. Sogar einen »Kunstweg« mit Skulpturen zum Thema »Menschenspuren« gibt es.

Talstraße 300, Mettmann, Di–So 10–18 Uhr

www.neanderthal.de

Römer, Kelten und Germanen

Wieso Rheinländer das große Latinum haben

Auf dem Marktplatz der kleinen belgischen Stadt Tongeren steht ein schnauzbärtiger Herr gusseisern auf einem Sockel, blickt vehement in die Landschaft und wirkt mit seinem Flügelhelm wie aus einem Asterix-Heft entlaufen. Er heißt auch so ähnlich: nämlich Ambiorix.

Ambiorix steht aber schon seit 1866 da und wurde nicht vom Comiczeichner Uderzo, sondern von dem Bildhauer Jules Bertin entworfen. Dieser Ambiorix war einstens Häuptling der Eburonen, einem Haufen Eifeler Jungs und Mädchen mit wilden Zottelbärten, die sich nach ihrem Lieblingsbaum, der Eibe (keltisch: *Eburo*), benannt hatten.

Aduatuca Tungrorum, so der lateinische Name Tongerens, soll den schwer bewaffneten Waldschraten als Hauptort gedient haben, ist jedoch nach einem später dort siedelnden Stamm, den Tungrern, benannt. Aber sogar das ist umstritten. Sicher ist nur, dass die Eburonen genau wie Asterix den Kelten zuzurechnen sind, was jedoch wiederum der Feldherr Gaius Julius Cäsar, der beruflich mit ihnen zu tun hatte, partout nicht einsehen wollte. Er zählte sie in seinem Kriegsbericht »De bello Gallico« zu den cisrhenanischen, also linksrheinischen Germanen. Allerdings bloß aus taktischen Gründen.

»Cäsar musste vor dem Senat irgendwie rechtfertigen, warum er mit seinen Eroberungen ausgerechnet am Rhein haltmachte«, erklärt der Historiker Michael Schmauder. »Die archäologischen Befunde zeigen, dass der Rhein nie eine Völkergrenze war.«

Das Rheinland lag schon weit vor dem Eindringen der Römer in der brackigen Wasserscheide zweier Kulturen, die von den Archäologen ganz grob in eine »keltische« La-Tène-Kultur aus dem Südwesten und eine »germanische« Jastorf-Kultur aus dem Norden eingeteilt werden.

Der Siedlungsbereich der dem La-Tène-Lager zugeordneten Eburonen umfasste den Landstrich zwischen Maas und Rhein, die nördlichen Ardennen sowie die Eifel und grenzte im Süden an den Einflussbereich der ebenfalls keltischen Treverer, nach denen die Stadt Trier benannt ist.

Die Trierer selber halten ihre Stadt allerdings für wesentlich älter, wie eine lateinische Inschrift am Roten Haus, einem karmesinroten Traum in Barock, nahelegt:

Eher als Rom stand Trier
eintausend und dreihundert Jahre.
Möge es weiter bestehen
und sich ewigen Friedens erfreuen!

Der Sage nach müsste Trier also rein rechnerisch 2053 vor Christus gegründet worden sein, und zwar von Trebeta, dem Sohn der babylonischen Königin Semiramis. Dieser wollte einer drohenden Ehe mit seiner Mutter entfliehen und wählte als Alternative ausgerechnet die Gründung einer Stadt im Moseltal. Nun ja. Die Geschichtswissenschaft gibt jedenfalls den Treverern den Vorzug als Namenspatronen.

Mit diesen Treverern waren die Eburonen verbündet, jedenfalls solange sie ihnen Tribut zahlten, während im benachbarten heutigen Ostflandern die kriegerischen Menapier dräuten. Vom Norden her wurden die Eburonen von den germanischen Sueben bedrängt, die ursprünglich an der Elbe gesiedelt hatten, aber unter der Leitung des umtriebigen Ariovist 71 vor Christus eine Pauschalreise unternahmen, die sie bis nach Gallien führen sollte, wo sie während des gallischen Krieges von Cäsars Truppen geschlagen wurden. Später siedelten sie sich auf römischem Territorium links des Rheines und am Neckar an, wo sie bis heute hocken, »Schwaben« genannt werden und mit einem erfundenen Dialekt über ihre norddeutsche Herkunft hinwegzutäuschen versuchen.

Als Cäsar 58 vor Christus beschloss, aus rein innenpolitischen Gründen und zur Beförderung der eigenen Karriere Gallien zu unterwerfen, marschierte er bis an den Rhein, um die Ostflanke seines frisch eroberten Territoriums zu sichern. Sieben Jahre lang führte er einen Krieg, der vor allem den keltischen Kulturraum dramatisch verändern, das Ende der Strahlkraft eigenständiger keltischer Kultur und den Beginn der gallo-römischen anzeigen sollte. Historiker schätzen, dass zwischen Atlantikküste und Rhein rund 600.000 Kelten ums Leben kamen und noch einmal so viele versklavt wurden. Den Stamm der Eibenfreunde traf es am härtesten. Als militärische Regionalmacht nach einem Aufstand unter Ambiorix von Cäsars Truppen vollständig vernichtet, schlossen sich die versprengten Reste anderen Stämmen wie etwa den Ubiern an, die über den Rhein in ihre ehemaligen Siedlungsgebiete drangen.

»Die Kelten sind unsere Indianer«, behauptet der Schriftsteller Martin Walser deswegen, was insofern schwierig ist, als dass die Ubier kaum zur Cowboyrolle taugten, obwohl sich ihre Nachfahren im rheinischen Karneval noch immer gern als solche verkleiden.

Je nach weltanschaulicher Präferenz kann man die Ubier, einen westgermanischen Stamm von keltischer Lebensart, als realpolitisch versierte Pragmatiker oder gnadenlose Opportunisten bezeichnen. Sicher ist jedoch, dass sie ein relativ kleiner Stamm von – wie Cäsar behauptet – vergleichsweise hohem Zivilisationsgrad waren, der sein Überleben durch Bündnisse mit mächtigen Nachbarn absichern musste.

Um sich Tributzahlungen und Überfällen der finsteren Sueben zu entziehen, nahmen sie das nette Angebot des siegreichen Cäsar an, sich zu Freunden des Römischen Reiches ausbilden zu lassen, indem sie im römischen Einflussgebiet siedelten und ihre Söhne als berittene Hilfstruppen zur Verfügung stellten. Richtig beliebt machten sich die Ubier damit bei ihren germanischen Kollegen natürlich nicht, aber es wird wohl eines dieser Angebote gewesen sein, die man besser nicht ablehnt. Vermutlich in der Nähe von Bonn überquerten sie also den Rhein, sahen zu, wie die Legionäre die eigens für diesen Zweck erbaute Rheinbrücke wieder abrissen, und freuten sich auf beheizte Fußböden in zeitgemäßem Mosaikdessin, fließendes Wasser und was immer die ingeniösen Südländer an zivilisatorischen Errungenschaften für sie bereithalten mochten.

Auch militärisch bewährten sich die Römer als Bündnisgenossen, als sie den Angriff der Sugambrer abwehrten, die es auf die Reichtümer der im Grenzhandel mittlerweile erfolgreichen Ubier abgesehen hatten. 39 vor Christus schickte Kaiser Augustus seinen Schwiegersohn Marcus

Agrippa mit drei Legionen an den Rhein und schlug die Sugambrer in einer der gefürchteten römischen Strafexpeditionen zurück, die endgültige Unterwerfung der kriegerischen Barbaren sollte allerdings erst unter Kaiser Tiberius im Jahr 7 vor Christus glücken.

Der Reste des geschlagenen Volkes wurden zu Verbündeten erklärt und links des Niederrheins in der Nähe von Xanten angesiedelt, wo sie wie ihre ehemaligen Feinde, die Ubier, den Römern Auxiliartruppen zu stellen hatten. Der römische Kaiser Trajan erhob den ehemaligen Militär- und Handelsposten um 110 nach Christus zur Colonia Ulpia Traiana, nachdem er sich zu einer bedeutenden Provinzstadt mit 10.000 bis 15.000 Einwohnern entwickelt hatte.

Marcus Agrippa seinerseits sorgte für die Gründung einer hübsch ummauerten Siedlung auf einem Hügel am Rheinufer: Oppidum Ubiorum, das als »Ara Ubiorum« (Altar der Ubier) zum Zentrum ubischen Lebens und neben anderen befestigten Römerlagern bei Bonn, Neuß und eben Xanten zur Operationsbasis römischer Expansionsbestrebungen werden sollte.

Während der Rhein bis ins befestigte Rigomagus (Remagen) als ausreichende natürliche Grenze zum mehr oder minder wilden »Germania Magna« angesehen wurde, erbaute man südlich davon den Obergermanisch-Raetischen Limes. Er verlief von Rheinbrohl, rechtsrheinisch bei Remagen gelegen, bis ins niederbayerische Eining an der Donau und sollte die römischen Provinzen Rätien und Obergermanien schützen, da der Plan, die Grenzen des Römischen Reiches bis an die Elbe auszudehnen, gescheitert war.

Nicht zuletzt ein von den Römern ausgebildeter Soldat namens Arminius versetzte den Plänen der Großmacht im Jahr 9 nach Christus einen empfindlichen Dämpfer. In einem nach Guerillamanier veranstalteten Gemetzel rieb der Cheruskerfürst die Legionen des Feldherren Varus in den neblichten Wäldern des unzugänglichen Germaniens vollständig auf, bloß um sich selbst einige Jahre später von seinen notorisch verfeindeten germanischen Verbündeten unter den Marsern, Chatten, Brukterern oder Chauken umbringen zu lassen.

Während also die Gebeine der Teilnehmer der Hermannsschlacht vermutlich in der Nähe des niedersächsischen Kalkriese und nicht im Teutoburger Wald vermoderten, nahm die Romanisierung der Ubier ihren durchaus nicht unangenehmen Verlauf.

Unter Kaiser Claudius wurde ihr von römischem Militär gesicherter Hauptort 50 nach Christus zur Stadt erhoben. Zu Ehren einer am Rhein geborenen Tochter des Feldherren Germanicus nannte man sie »Agrippina«, sodass das antike Köln den umständlichen Titel »Colonia Claudia Ara Agrippinensium« tragen musste, der für den Hausgebrauch zu C.C.A.A. abgekürzt wurde, wie die Inschriften auf antiken Torbögen beweisen. Erst unter den Franken, die die Stadt zum Ausgang der Spätantike übernahmen, setzte sich der Name »Colonia« durch.

Aus den Ubiern selbst, die ursprünglich nach germanischer Art in vereinzelten Gehöften oder nach keltischer Manier in kleinen befestigten Siedlungen gelebt hatten, wurden echte Stadtbewohner. Das römische Köln beherbergte zu seiner Blütezeit bis zu 40.000 Menschen und wies urbane Annehmlichkeiten wie Theater, öffentliche Badeanlagen und einen riesigen Aquädukt auf, der über eine Strecke von 95 Kilometern frisches Quellwasser aus der Eifel transportierte.

In den zahlreichen Tempeln der Metropole wurden neben römischen Göttern wie Jupiter, Minerva und dem derzeit aktuellen Kaiser auch lokale Größen des Religionsgewerbes wie die rheinischen Matronen angebetet, ein keltisch-germanisches Damentrio mit beachtlicher Fruchtbarkeitskompetenz. Auch exotische Kulte wie der um Mithras oder Isis fanden ihre Anhänger, besonders unter den im Rheinland angesiedelten Veteranen, und bewiesen einmal mehr die angenehme Wurschtigkeit der alten Römer in religiösen Fragen, die sich erst ändern sollte, nachdem sich auch im Rheinland Ende des 2. Jahrhunderts nach Christus Mitglieder einer obskuren Sekte angesiedelt hatten, deren Kult ein Jahrhundert später unter Kaiser Konstantin zur römischen Staatsreligion werden sollte.

Als man 1941 einen Luftschutzbunker baute, wurden die Reste eines prächtigen Peristylhauses freigelegt, das ein wohlhabender Kaufmann nach mediterranem Vorbild zur Zeit Kaiser Claudius' (41–54 nach Christus) errichtet haben mochte. Das Peristyl, ein rechteckiger Hof im Innern des Hauses, war mit einem Springbrunnen ausgestattet und von einer umlaufenden Säulenhalle eingefasst. In der Mitte einer Hausseite lag der Triclinium genannte Speiseraum, der mit dem Mosaik von fast 75 Quadratmetern geschmückt ist, das aus fast zwei Millionen Steinchen besteht.

Dieses Mosaik wurde 200 nach Christus bei einem Umbau des Hauses angelegt und zeigt mythologische Wesen der schlüpfrigsten Art: Silene, Satyrn und halb nackte Mänaden haken einander unter, im Mittelbild sieht man Dionysos selbst, den Gott des Weines und der Ekstase, wie er sich auf einen ebenso angesäuselten Begleiter stützt und dabei mit Wein herumpladdert, zumindest ist sein Kantharos, ein zweihenkliger Trinkbecher, umgestürzt.

Wer sich so etwas in seinen Partykeller legen lässt, hat erstens Geld, zweitens Zeit, es auch zu genießen, und macht sich drittens keine allzu großen Sorgen um Bar-

bareneinfälle. Ein Fehler, wie sich herausstellen sollte. Ab 355 nach Christus war nämlich Schluss mit der reizvollen »spätrömischen Dekadenz« (G. Westerwelle), die Franken fielen in Köln ein und legten unter anderem dies schöne Kleinod in Schutt und Asche, da der römische Feldherr Stilicho alle Truppen vom Rhein abgezogen hatte, um sie den Goten unter Alarich entgegenzustellen, und sich auf das große Barbarenehrenwort der Stammesführer verlassen hatte, die »Pax Romana«, den römischen Frieden, zu wahren.

Diese hatten unterdes ihre notorische Streitlust mühsam unterdrückt, sich zu einem großen Stammesverband zusammengeschlossen und ihm nach gemeinsamem Brainstorming den werbewirksamen Namen »die Freien«, denn nichts anderes bedeutet Franken, gegeben, um im globalisierten Wettbewerb der Völkerwanderung besser aufgestellt zu sein. Kurz nach der geglückten Fusion tauchten die Franken, die ehemals als Brukterer, Chatten, Usipeter oder Bataver ihr eigenes Süppchen gekocht hatten, überall da auf, wo sie am wenigsten gebraucht wurden. Am Niederrhein überquerten sie den Strom, verwüsteten Xanten, durchfluteten das Rheintal, überrannten herrliche Städte wie Augusta Treverorum, das kurz zuvor noch als zweites Rom gegolten hatte, und brachen in Richtung Gallien auf, das bekanntlich noch heute ihren Namen trägt.

»Was sind das bloß für Leute«, werden sich die romanisierten Ubier gedacht haben, aber es half ja nichts, man gewöhnte sich unter den neuen Herren die feinen Manieren ab und wurde wieder Barbar, wenn auch mit großem Latinum. Der Kirchenvater Salvian schrieb um das Jahr 450 in seiner Abhandlung »De gubernatione Dei« entsetzt: »Man spielt nicht mehr in Köln, die Stadt ist voller Feinde. Man kann nicht mehr vor lauter Armseligkeit und Elend der Zeit!«

Kunsthandwerklich gingen jedenfalls nach dem Einfall der Franken ins Rheintal die Lichter aus, ein in Niederdollendorf bei Bonn gefundener Grabstein aus der Merowingerzeit belegt das.

Äußerst ungelenk ist hier eine annähernd menschliche Gestalt in den Stein geritzt, die einen fränkischen Krieger darstellt, der einen Kamm zur Pflege seines Haupthaares in der einen und ein Sax genanntes germanisches Kurzschwert in der anderen Hand hält, denn auch unter Barbaren galt die Devise: »Langes Haar ja, aber gepflegt soll es sein«. Außerdem zeigte das frei wallende Haupthaar den ebenso freien Stand des Trägers an.

Ausgerechnet diese miserablen Kunsthandwerker waren es aber, die zu Wegbereitern eines geeinten christlichen Abendlandes werden sollten, nachdem aus der römischen Provinz Obergermanien mit seinen Aquädukten und Mosaiken »Francia rinensis«, das rheinische Franken, ein eher rustikales Fleckchen Erde mit schwindender Bevölkerungszahl, geworden war.

Nach einer geglückten Schlacht bei Zülpich gegen die ebenfalls wanderlustigen Alemannen nahm nämlich der Frankenkönig, ein durchsetzungsfähiger Abkömmling der spätrömisch-germanischen Militäraristokratie namens Chlodwig, den christlichen Glauben an und entschied sich dabei im Gegensatz zu den meisten germanischen Kollegen wie den Langobarden oder den Westgoten nicht für die arianische, sondern für jene Spielart, die ihm seine gallischen Bischöfe nahegelegt hatten und unter dem Namen »Katholizismus« nicht nur im Rheinland Furore machen sollte.

Historiker mäkeln an dieser schönen Geschichte freilich schon wieder herum und behaupten, die Alemannen seien nie im Leben derart weit nach Norden vorgerückt. Der Geschichtsschreiber und Bischof Gregor von Tours, dem wir eine der wenigen schriftlichen Quellen dieser Zeit zu verdanken haben, scheint der Schlacht jedenfalls wenig Bedeutung beigemessen zu haben. Von einer genauen Beschreibung sah er jedenfalls ab und erwähnte die Schlacht bei »Tulbiacum« nur, weil sich der edle Sigibert von Köln beim Alemannenhauen dort einmal am Knie wehgetan hatte.

Spätere Parteigänger der einen oder anderen Seite focht die unsichere Quellenlage dieser innergermanischen Angelegenheit nicht an, sie erklärten die Alemannen kurzerhand zu Deutschen und Chlodwig zum Franzosen. Die Schlacht bei Zülpich diente entsprechend als Rechtfertigung französischer Ansprüche auf das Rheinland, während die wilhelminischen Preußen in Chlodwig bloß noch einen welschen Usurpator sehen wollten.

Die Zülpicher selbst sind fest davon überzeugt, dass genau hier, in ihrer Kleinstadt in der sattgrünen und fruchtbaren Landschaft der Jülich-Zülpicher Börde, nicht nur fantastische Zuckerrüben wachsen, sondern vor allem das christliche Abendland erfunden wurde.

Da können Sie in Zülpich jeden fragen.

Mit seiner Zülpicher Konversion sicherte Chlodwig die gesellschaftliche Integration der romanisch geprägten Bevölkerung und vor allem die Unterstützung der einheimischen Führungsschicht, die im Rheinland wie in Gallien mehrheitlich dem später katholisch genannten Glauben anhing, und bewahrte das Frankenreich vor dem schnelllebigen Schicksal anderer in der turbulenten Spätantike entstandenen Herrschaftsgebiete.

Aus den Ubiern waren nun ripuarische Franken geworden, die ihre Bezeichnung nach dem lateinischen »ripae« (Ufer) trugen und diesen Namen dem Dialekt des Rheinlandes vererbt haben, den man zu den Mittelfränkischen zählt und Ripuarischen Dialekt nennt.

Im Osten des Rheinlandes hatte sich derweil ein mächtiger Gegner etabliert, dessen Name schon nicht unbedingte Friedfertigkeit signalisierte und auch anderswo gefürchtet wurde: »Saxones!«, riefen die romanisierten Bewohner Britanniens voller Angst, als sie der blutrünstigen Horden an ihren Stränden ansichtig wurden, meinten damit zwar nur die furchterregenden Hiebwaffen, aber der Name setzte sich auch für deren Besitzer durch.

Die Sachsen wurden also nach der schon erwähnten Hiebwaffe, dem »Sax«, benannt und hatten sich vor allem in Norddeutschland und England breitgemacht, waren aber auch bis ins Münsterland, an die Ruhr oder ins Sauerland vorgedrungen. Sie saßen also dem Rheinländer, der sich mühsam aus dem Chaos der Völkerwanderung langsam Richtung christlichem Abendland vorarbeitete, direkt vor der Haustür.

Anders als die Franken waren die Sachsen mit der römischen Zivilisation kaum in Berührung gekommen, und man kann sich vorstellen, was das allein für die kunsthandwerklichen Fähigkeiten bedeutete, wenn schon die Franken keine anständigen Mosaike hinbekamen, von den Tischsitten ganz zu schweigen. Außerdem hatten die Sachsen einen fatalen Hang zu Menschenopfern, die sie gern im Sumpf versenkten, hielten sie doch den alten Göttern die Treue, während um sie herum diese neumodischen Priester allenthalben von Nächstenliebe predigten. Solche Typen versenkten sie übrigens am allerliebsten im Sumpf.

In den fränkischen Reichsannalen werden diese wilden Gesellen, deren Einflussbereich um 700 ziemlich genau bis an die Grenze der alten preußischen Rheinprovinz reichte, übrigens als »Westfalai« bezeichnet. Gewisse Vorbehalte der Rheinländer gegenüber dieser Bevölkerungsgruppe sollen bis heute bestehen.

Ausflüge in die Antike

Obergermanisch-Raetischer Limes

Nördlich von Koblenz zog sich die römische Grenzanlage vom Rhein zunächst durch den wilden Westerwald. In der Nähe der Autofähre bei Rheinbrohl kann man den Nachbau eines römischen Grenzturms besichtigen.

Wem der Jakobsweg zu populär geworden ist, kann den 550 Kilometer langen Limesweg durch die vier Bundesländer Rheinland-Pfalz, Hessen, Baden-Württemberg und Bayern pilgern. Nicht besonders christlich, aber UNESCO-Welterbe.

Infos: www.limesstrasse.de,
www.deutsche-limeskommission.de

Römisch-Germanisches Museum Köln

Das archäologische Erbe der Stadt wird im Römisch-Germanischen Museum in unmittelbarer Nähe zum Dom aufbewahrt. Auch das »Dionysos-Mosaik« ist dort zu bewundern.

Roncalliplatz 4, Di–So 10–17 Uhr, jeden 1. Donnerstag im Monat bis 22 Uhr
www.museenkoeln.de

Der »Römerpark«, Archäologischer Park Xanten

Deutschlands größtes archäologisches Freilichtmuseum gibt einen guten Einblick ins Alltagsleben der römischen Siedlung Colonia Ulpia Traiana.

Siegfriedstraße 39, Xanten, www.apx.lvr.de

Museum Römervilla

Gut erhaltene »Villa rustica« aus dem 2. bis 3. Jahrhundert am Silberberg bei Ahrweiler.

Am Silberberg 1, Bad Neuenahr-Ahrweiler, Ende März bis Mitte November, Di–So 10–17 Uhr.

Infos über www.bad-neuenahr-ahrweiler.de

Chlodwig-Stele

In Langendorf bei Zülpich erinnert eine Granit-Stele des Künstlers Ulrich Rückriem an den möglichen Austragungsort der Schlacht. Außerdem ist in Zülpich von Apotheken über Grundschulen bis Sportvereinen alles Mögliche nach dem kriegerischen Franken benannt.

Karl der Große

Wieso man Aachen nicht unterschätzen sollte

»Ahha!« ist ein germanischer oder keltischer Ausruf und bedeutet »Wasser!«. Das lässt sich schön der Liebsten zubrüllen, wenn man rotwangig und verschwitzt vom Wildschwein- oder Römerjagen aus dem Wald zurückkehrt. Wenn dieses Wasser nun auch noch schön warm und mit heilender Wirkung versehen ist, dann wird auch der verstockteste und schmutzigste Barbar einsehen müssen, dass ein solcher Ort zum längeren Verweilen einlädt, und genau deswegen kann Aachen (Ahha!), das wegen seiner Heilquellen eigentlich Bad Aachen heißt, auf eine über 2.000-jährige Geschichte zurückblicken. Zumindest wenn man die jungsteinzeitlichen Jäger und Sammler nicht mitrechnet, die natürlich schon weitaus früher in den Wassern am Nordrand des Rheinischen Schiefergebirges geplanscht haben.

Richtig lebhaft wurde es in Aachen aber erst, als Karl der Große, zermürbt von der ewigen Reiserei kreuz und quer durch sein karolingisches Riesenreich, die Freuden der von den Römern zu Thermalbädern ausgebauten heißen Quellen entdeckte. In seinen letzten beiden Lebensjahrzehnten, also seit der Kaiserkrönung in Rom im Jahr 800, war der frischgebackene »Romulus Augustus« kaum noch aus seiner Lieblingspfalz wegzubewegen – er hatte Geschmack am Regieren in der Badewanne gefunden und dirigierte die reichlich gewaltsame Einigung des immer christlicher werdenden Abendlandes von Aachen aus mit geschickter, wenn auch nasser Hand.

Mit diesem reinlichen Karl rückte das Rheinland, unter den Römern noch eine wilde Ostmark, ins Zentrum des karolingischen Reiches, das in Europa das Imperium Romanum beerben und zum Vorläufer jener beiden Staatsgebilde werden sollte, die sich später entlang des Rheins um die Vormacht auf dem Kontinent beharken würden: Frankreich und das Heilige Römische Reich Deutscher Nationen, später als Deutsches, noch später als Tausendjähriges Reich und zu guter Letzt als endlich pazifizierte Bundesrepublik Deutschland bekannt.

Karl der Große entstammte aus edlem, aber eben nicht herrschendem fränkischen Geschlecht, das sich als Hausmeier bei den merowingischen Königen verdingen musste. Ursprünglich tatsächlich nur ein gut bezahlter Hausmeisterjob mit einigen repräsentativen Pflichten am Hofe, bauten die ehrgeizigen Karolinger ihre kleine Hausmeierei zu einem wichtigen politischen Amt aus, bis Karls Vater Pippin mit freundlicher Unterstützung des Papstes 751 den letzten merowingischen König absetzen konnte und die Dynastie der Karolinger gründete, als deren Superstar Karl der Große schon eine Generation später glänzen konnte.

Karl entmachtete die fränkischen wie zänkischen Herzöge, organisierte eine rudimentäre Verwaltung und sorgte mit den Kapitularien für eine einheitliche Gesetzgebung.

Auch das kulturelle und spirituelle Leben lag ihm am Herzen, er schuf eine einheitlich katholische Reichskirche und sorgte mit einer später »karolingische Renaissance« genannten Bildungsoffensive dafür, dass wenigstens die Geistlichen das »Vater unser« auf Latein herbeten konnten.

Am Hofe Karls tummelten sich die besten Gelehrten ihrer Zeit, unter ihnen der aus York stammende Alkuin, der die Leitung der Aachener Hofschule übernahm. Dort wurden nicht nur prächtig illustrierte Handschriften verfasst, sondern auch die praktische karolingische Minuskel erfunden, aus der sich die noch heute gebräuchlichen Kleinbuchstaben entwickelten. Am Hof Karls des Großen machte das frisch geschlüpfte Abendland des Mittelalters seine ersten Schritte als genuin europäische Gesellschaftsordnung, in der es nach dem Willen des Königs gelehrt und christlich zugehen sollte. Der Wegweiser ging diesen Weg freilich selber nicht: Karl blieb fröhlich Analphabet und vergnügte sich wider kirchlichen Ratschlag mit zahlreichen Zweit- und Nebenfrauen. Aber wegen so was wird man ja schließlich auch König, beziehungsweise Kaiser.

Zur Einweihung der 799 vollendeten Pfalzkapelle, die später zum Aachener Dom ausgebaut wurde, schickte der Patriarch von Jerusalem dem Frankenkönig ein paar absolute Knallerreliquien, denen selbst die verwöhnten Kölner lange nichts entgegenzusetzen hatten, bis es ihnen Jahrhunderte später gelang, die Überreste der Heiligen Drei Könige zu klauen.

Es waren dies das geblümte Lieblingskleid der Jungfrau Maria, die immer noch heilandmäßig duftenden Windeln Jesu, die Unterhose beziehungsweise das Lendentuch Christi und das Enthauptungstuch von Johannes dem Täufer. Wer nämlich damals in der Märtyrerszene auf sich hielt, ging niemals ohne Enthauptungstuch aus dem

Haus. Man wusste ja nie, ob man nicht doch blutrünstigen Heiden in die Hände fallen würde.

Diese Kleinodien werden noch heute im Marienschrein des Aachener Doms aufbewahrt, der zwischen 1220 und 1239 entstanden ist.

814 verstarb Karl der Große vermutlich an einer Brustfellentzündung und wurde in Aachen beigesetzt, doch sollte die Stadt ihre mythische wie symbolpolitische Bedeutung für das spätere deutsche Königtum noch 600 Jahre verteidigen. Über 30 Herrscher bestiegen symbolisch Karls Thron im Aachener Dom, nachdem sie von den führenden Geschlechtern des Reiches zum König gekürt worden waren. Heute erinnert der Karlspreis an den fränkischen Herrscher, der von der Stadt seit 1949 an erlauchte Häupter vergeben wird, die sich um den »freiwilligen Zusammenschluss der europäischen Völker« verdient gemacht haben. Die Verleihung findet selbstverständlich nicht im Dom, sondern im gotischen Rathaus Aachens statt.

Mittlerweile wird Aachen allerdings hauptsächlich von Architekten und Maschinenbauern bewohnt, die ihre Künste an der Rheinisch-Westfälischen Technischen Hochschule (RWTH) erlernen. Die Architekten erkennt man an ihren schwarzen Rollkragenpullovern, die Maschinenbauer an ihrer einheitlichen Zugehörigkeit zum männlichen Geschlecht.

Falls Sie jemals in die Verlegenheit kommen sollten, auf einer der Architektenparty Konversation treiben zu müssen, hier einige prächtige Renommiersätze von höchst erbaulicher Gelehrsamkeit, die ihren Gastgebern die Hornbrillen aus dem Gesicht fegen wird:

Die Aachener Marienkirche ist der früheste
große kuppelüberwölbte Bau nördlich der Alpen

und blieb in diesem Teil Europas für vier Jahrhunderte der höchste gewölbte Innenraum.

Der zweifach achsensymmetrische Grundriss wurde bei säkular-repräsentativen Bauten wie auch bei Sakralbauten wegen der symbolischen Bedeutung der Zahl Acht gewählt. Sie steht meist für Vollkommenheit und göttliche Perfektion.

Das komplizierte System der Chorhalle erlaubt die Auflösung der Wandflächen: Zwei riesige Joche mit vier 27 Meter hohen Fenstern sind dem Chorabschluss (einem Polygon mit einem 9/14 Schluss) vorgelagert.

(Quelle: www.aachendom.de)

Ausflüge ins imperiale Aachen

Aachener Thermalwasserroute

Obwohl die Thermalquellen, die zu den wärmsten Mitteleuropas gehören, ein ganz heißes Ding für Aachen sein müssten, sieht man sie kaum. Sie sind längst überbaut, unter Gullydeckeln verborgen oder werden direkt in die Mineralwasserfabrik oder ins Thermalbad umgeleitet.

Die Bürgerstiftung Aachen hat es sich zur Aufgabe gemacht, dieses Naturerbe wieder ins Bewusstsein und ins Stadtbild zu rücken, und hat deswegen eine »Thermalwasserroute« durch die Stadt erstellt.

www.thermalquellen-aachen.de

Route Charlemagne

Auf den Spuren Karls des Großen wandelt man dagegen auf der Route Charlemagne. Von dem im Bau befindlichen Centre Charlemagne geht es über Rathaus und Dom über alte Bürgerhäuser zum Elisenbrunnen.

www.route-charlemagne.eu

Das Worringen-Desaster

Wie die Kölner ihren Erzbischof loswurden

Die Schlacht von Worringen, immerhin die größte und blutigste Reiterschlacht auf deutschem Boden, war das Ergebnis einer komplizierten und konfliktbeladenen Erbschaftsgeschichte. Vielleicht hätte man das Fiasko mit einer therapeutischen Familienaufstellung verhindern können, aber die war 1288 noch nicht erfunden. Stattdessen gab es Lanzen, Pferde und gepanzerte Reiter, so viele das Bubenherz begehrte beziehungsweise so viele der zuständige Kriegsherr bezahlen oder in die Pflicht nehmen konnte. Außerdem gab es reichlich Bauern, die man nach Gutdünken in die Schlacht werfen konnte, sofern es sich um die eigenen handelte, oder deren Dörfer man anzünden konnte, wenn es sich um dic der anderen Seite handelte.

Im Fall der Schlacht von Worringen sollte das in Strategenkreisen so beliebte »Bauernopfer« allerdings zum Debakel werden. Die bergischen Bauern, die von ihrem mitfühlenden Kriegsherrn in die erste Reihe gestellt worden waren, damit sie besser sehen konnten, hatten keine

Ahnung von Heraldik und droschen, sobald die Gefechtsreihen unübersichtlich geworden waren, mit ihren Knüppeln auf alles ein, was irgendwie nach Ritter aussah. Möglicherweise waren aber auch antiritterliche Ressentiments im Spiel, jedenfalls waren die Verluste in den Reihen der Edlen unerwartet hoch. Ziel der mittelalterlichen Schlachten war es nämlich nicht unbedingt, den feindlichen Ritter zu töten, sondern eher gefangen zu nehmen und gegen möglichst hohes Lösegeld an deren Familien zu verhökern. Irgendwie musste man ja die sauteuren Rüstungen finanzieren. Aber das konnten die Bauern ja nicht ahnen.

Der Limburger Erbfolgestreit

Als Walram IV, Herzog von Limburg und Niederlothringen, 1280 starb, tat er das auf die denkbar ungünstige Weise. Er verstarb nämlich ohne männlichen Erben, sodass die Titel auf seine Tochter Irmgard beziehungsweise auf deren Ehemann, Reinald I., im Hauptberuf Graf von Geldern, übertragen wurden, weil Irmgard selbst ja nur ein schwaches Weib war. Das schwache Weib starb denn auch bereits 1283 auf die denkbar ungünstige Weise: nämlich kinderlos. Aber Witwer Reinald, der den schönen Beinamen »der Streitbare« trug, dachte nicht daran, den schicken Herzogstitel seiner Frau wieder abzulegen, zumal König Rudolf ihn mittlerweile beglaubigt hatte, was wiederum Adolf, dem Grafen von Berg, wenig imponierte, der als Neffe des verstorbenen Walram prompt eigene Ansprüche anmeldete, worauf sich Reinald mit dem einflussreichen, aber notorisch unbeliebten Kölner Erzbischof verbündete. Sind Sie bis hierhin mitgekommen? Gut, denn jetzt wird es ein bisschen unübersichtlich.

Die offene Erbschaftsfrage jedenfalls wirkte auf den regionalen Adel wie ein Tropfen Blut im Haifischbecken.

Diverse Walrams aus der Nachbarschaft tauchten auf, zum Beispiel Walram von Luxemburg-Ligny, Walram von Valkenburg und Walram von Jülich, um ihr Erbe einzufordern. Bei den langen Verhandlungen der inzestuösen Bande gingen zahlreiche Dörfer nebst den sie bewohnenden Bauern entzwei, was aber niemanden störte. Bauern gab es ja genug.

Die Situation wurde jedoch immer unübersichtlicher, zumal die Bündnispartner ständig wechselten und es zuletzt kaum noch Adelige gab, die nicht überzeugt waren, rechtmäßiger Herzog von Limburg zu sein. Bis auf die beiden Hauptkontrahenten Reinald von Geldern und Graf Adolf von Berg. Die hatten hoch gepokert, aber schließlich gewonnen. Reinald hatte seine Rechte für sagenhafte 40.000 Brabanter Denare an die Brüder Heinrich und Walram von Luxemburg, der Graf von Berg die seinigen für eine ähnlich astronomische Summe an Johann I., den Herzog von Brabant, verkauft.

Spätestens damit war aus einem zwar etwas verworrenen, aber noch regionalen Erbstreit eine ganz große Geschichte von internationalem Format geworden, die sich auf gar keinen Fall mehr friedlich beilegen ließ. Herzlichen Glückwunsch.

Die Schlacht

Am 5. Juni 1288 war es dann so weit, über 10.000 Mann standen sich bis an die Zähne bewaffnet am Rande der beschaulichen Kleinstadt Worringen, heute im Norden Kölns gelegen, gegenüber. Auf der einen Seite das Bündnis um Herzog Johann I. von Brabant, die Grafen von Jülich, von Loos, von Berg, von der Mark, von Windeck und Tecklenburg und weitere mindere Waffenbrüder. Überraschenderweise aber auch die Bürger der Stadt Köln, die in der Schlacht eine prima Gelegenheit sahen, sich ein für alle Mal ihres lästigen Erzbischofs zu entledigen. Ganz vorne links standen, wie gesagt, die Bauern aus dem Bergischen und machten sich vollkommen zu Recht vor Angst in die Kittel.

Auf der anderen Seite nämlich stand die beachtliche Streitmacht der Luxemburger, die vom Erzbischof von Köln, Reinald von Geldern, den Grafen von Nassau, von Falkenberg, von Kleve, Salm, Westerburg, Moers, Ruve und Lützelburg und zahlreichen minder bekannten Vasallen unterstützt wurde.

Um die Mittagszeit herum eröffnete Erzbischof Siegfried von Westerburg die Schlacht mit einem Angriff seiner Reiterei auf die untreuen Bürger der Stadt Köln, allerdings blieb er in den dichten Reihen der schlecht bewaffneten Bauern stecken, die den besser gestellten Schlachtenbummlern traditionell als Knautschzone zu dienen pflegten. Die verzagten Bauern wiederum waren kurz zuvor von einem rhetorisch begabten Mönch namens Walter Dodde derart angestachelt worden, dass sie über sich hinauswuchsen und unter dem Schlachtruf *»Berge rohmrike!«* nicht nur brav ihre Funktion als Prellbock erfüllten, sondern sogar die Fahne des Kölner Erzbischofs eroberten, wobei die meisten von ihnen freilich ihr Leben lassen mussten. Für diese schöne militärische Leistung ist dem Mönch eine Straße in einem Solinger Gewerbeviertel gewidmet.

Die Kölner Bürgerwehren indes standen derweil »müßig am Strome« herum, wie es in einer alten Chronik heißt, während sich Adolf von Berg, Simon von Tecklenburg und die übrigen Grafen bereits mit den westfälischen Lanzenträgern des Erzbischofs herumärgerten. Erst als der Kölner Patrizier Gerhard Overstolz von seinem Pferd stieg und seine Truppen zu Fuß anführte, griffen die Kölner in die Schlacht ein und fielen ihrem ehemaligen Chef, Siegfried von Westerburg, heroisch in den Rücken, der sich noch verbissen verteidigte, als seine sauberen Verbündeten aus Wasserburg und Heinsberg bereits das Handtuch geworfen hatten. Die Kölner Bürger waren siegreich, Overstolz jedoch brach vor Erschöpfung zusammen und starb am Hitzschlag. Man soll auch im Sommer nicht in voller Rüstung herumlaufen.

Bald löste sich die Schlacht in unüberschaubare Einzelgefechte auf, für das Lehrbuch der hochmittelalterlichen Militärstrategen taugt das Gemetzel bei Worringen nämlich überhaupt nicht. Nachdem etwa Reinald von Geldern, bei dem Versuch, schwer verletzt vom Schlachtfeld zu fliehen, von gegnerischen Truppen gestellt wurde, beschlossen seine eigenen, dem Schlachtfeld ebenfalls den Rücken zu kehren und stattdessen das Lager der eigentlich verbündeten Brabanter zu plündern. Reinald selber sollte sich von dem Hieb mit dem eisenbeschlagenen Streitkolben nie mehr erholen und den Rest seines Lebens entmündigt, aber immerhin sehr wohlhabend verdämmern.

Die Luxemburger Grafen bewiesen hingegen großen persönlichen Mut und beeindruckende politische Dummheit, indem sie alle in vorderster Front mitkämpften, dabei einschließlich aller Bankerte fielen und ihre Armee sowie ihr Land weitgehend ohne Führung zurückließen.

Schließlich bliesen die Trompeten des Herzogs von Brabant zum Sieg, der sich fürderhin auch Herzog von Limburg würde nennen können, Siegfried von Westerburg hingegen wurde verhaftet und erst gegen Lösegeld wieder freigelassen. Die Stadt Köln kam unter das Kommando ihrer siegreichen Patrizier, wurde also de facto eine freie Reichsstadt, obwohl ihr dieser Titel erst 1475 zugesprochen werden sollte. Der kurkölnische Hof indes zog nach Bonn, das damit, wenngleich vollkommen unbeteiligt, auch zu den Siegern der Schlacht von Worringen gezählt werden muss. Immerhin bekam es ein schönes erzbischöfliches Schloss mit spendablem Hofstaat und später eine richtige Universität ins verschlafene Nest gebaut.

Auch Düsseldorf zählte zu den Siegern, dem bis dahin unbedeutenden Marktflecken wurden infolge der politischen Neuordnung der Region die Stadtrechte zugesprochen. Als Hauptstadt des niederrheinischen Staatenbundes Jülich, Kleve und Berg sollte es zu ungeahnter Größe wachsen und der alten Tante Köln ordentlich Konkurrenz machen. Ins Wappen der Stadt und der erstarkten Grafschaft Berg zog der Limburger Löwe ein, der allerdings bald eingemeindet wurde und heute als »Bergischer Löwe« bekannt ist.

Was von der Schlacht übrig blieb

Im Kölner Stadtteil Worringen selbst ist von der mittelalterlichen Schlacht verständlicherweise nichts mehr zu sehen, ein Denkmal vor dem Worringer St. Tönnishaus erinnert jedoch daran, während in Düsseldorf ein »Stadterhebungsmonument« am Burgplatz den Sieg feiert.

Außerdem kann man sich im Kölner Wallraf-Richartz-Museum eine prächtige Bebilderung im Stil der historisierenden Salonmalerei anschauen: Nicaise de Keysers Bild »Nach der Schlacht von Worringen«.

www.wallraf.museum

Zünfte, Gaffeln und andere Zecher

Regieren auf kölsche Art

Nachdem der erzböse Erzbischof im Zuge der Schlacht von Worringen aus der Stadt geworfen worden war, hätte der Weg eigentlich frei sein können für eine leuchtend demokratische Zukunft in Köln. Mit Bürgerbefragungen, Radwegen, Gleichstellungsbeauftragten und runden Tischen.

Doch weit gefehlt. Denn erstens befinden wir uns immer noch im Hochmittelalter und zweitens in Köln.

Dort hatte sich eine ganz eigene Form politischer Herrschaft etabliert, die schon seit Jahren fröhlich am Erzbischof vorbei regierte. Ein exklusiver Club namens »Richerzeche« hatte die Stadt ganz gut im Griff, führte mit polizeilicher Gewalt die Marktaufsicht, lizensierte Händler, verlieh Bürgerrechte, legte die Höhe der Abgaben fest und benahm sich insgesamt wie eine kommunale Verwaltung. War sie aber nicht. Die Richerzeche war, wie der Name stolz und lautstark herausposaunt, schlichtweg ein Verbund der reichsten Leute der Stadt, die alles Wichtige bei einem zünftigen Bankett unter sich ausklüngelten und nebenbei ein wenig für Ordnung sorgten. Aus den Reihen dieser reichen Zecher wurden auch die Kandidaten der offiziellen städtischen Führungsgremien Schöffenkolleg und Rat rekrutiert, die mirakulöserweise stets aus denselben Familien stammten. Dieses kölsche Patriziat hatte sich eine hübsche Herrschaftslegende zusammengeschustert, indem es sich zu Nachfahren edler Römer stilisierte, die, wenn schon nicht das Christentum erfunden, so doch wenigstens ins Rheinland gebracht haben wollten. Die Mächtigsten unter ihnen waren die Overstolzens, die es im Tuchhandel zu was gebracht hatten. Dennoch hat man später bloß eine Zigarettenmarke für alte Männer nach ihnen benannt.

Unterhalb dieser Oligarchie rangierten die Kölner Handwerker und Händler, die zwar im Zuge des ökonomischen Aufschwungs nach Verleihung des Stapelrechtes (1259) zu beträchtlichem Wohlstand gekommen waren, bei der Richerzeche aber ausdrücklich nicht eingeladen waren und somit über kaum politisches Mitspracherecht verfügten.

1370 war das Maß schließlich voll. Nachdem herausgekommen war, dass der hochedle Ratsherr Rütger Hirzelin vom Grin einen ordentlichen Batzen öffentlichen Geldes unterschlagen hatte, stellte sich die Zunft der Weber an die Spitze eines wutbürgerlichen Aufstandes. Zwar wurde der untreue Hirzelin von seinen ehemaligen Kollegen prompt hingerichtet, doch der Teufel war aus dem Kasten gesprungen, die Zünfte rebellierten weiter. Die Richerzeche wurde entmachtet, 8 der 15 Ratsmitglieder wurden verhaftet. Die Zünfte, in Köln Gaffeln genannt, übernahmen nun das Ruder.

War jetzt der Weg frei für eine leuchtend demokratische Zukunft? I wo. Denn erstens befinden wir uns noch ganz knapp im Spätmittelalter und zweitens immer noch in Köln. Besonders die Weber betrieben eine gnadenlose Klientelpolitik, indem sie sich ein Steuerprivileg nach dem anderen zuschusterten, und verscherzten es sich dabei mit den übrigen Zünften. Binnen weniger Jahre waren sie so unbeliebt, wie es die Richerzeche am Tiefpunkt ihrer Popularität nicht gewesen war.

Das Imperium schlug zurück, der Weberchef Henken van Turne wurde hingerichtet und das Vermögen der Zunft eingezogen. Die Richerzeche wurde erneut inthronisiert, konnte ihre Herrschaft aber nicht mehr dauerhaft halten.

Beide Parteien hatten entscheidende Fehler gemacht: Die Richerzeche hatte die Renitenz und das Ego der kölschen Handwerker unterschätzt. Und das sollte man wirklich nicht. Wer einmal versucht hat, am Wochenende einen rheinischen Klempner aus dem Haus zu locken, wird wissen, was ich meine.

Die Weber hingegen hatten das Erfolgsrezept des kölschen Klüngels nicht richtig verstanden. Im Unterschied zu einer reinen Kleptokratie gilt es beim Klüngeln als unstatthaft, dem Pöbel gar nichts übrig zu lassen. Die Richerzeche hatte das verstanden und schüttelte weiterhin eifrig Hände, klopfte Schultern und übergab prall gefüllte Umschläge.

1396 kam es innerhalb der Kölner Elite zu Machtkämpfen. Eine reaktionäre Gruppierung mit dem schönen, sehr kölschen Namen »Die Freunde« um den extrem selbstbewussten Constantin von Lyskirchen stritt sich mit einem Verbund aus Patriziern und Gaffeln, der sich den schnittigen Namen »Die Greifen« gegeben hatte. Grob gesagt ging es dabei um die Zunftaufsicht und Bürgermeisterwahl. Nach einem besonders arroganten Auftritt Lyskirchens am Neumarkt platzte den versammelten Mitgliedern der Gaffeln der Kragen: Sie setzten Lyskirchen & Früünde gefangen und bildeten einen provisorischen Rat sowie einen verfassungsgebenden Ausschuss, der nach drei Monaten eine prächtige Urkunde präsentierte: den Verbundbrief. Am 14. September 1396 wurden Bürgermeister, Räte und Gaffeln mit *upgereckden Vingeren* auf das Dokument eingeschworen, das die Vorherrschaft der Geschlechter in Köln beenden sollte.

Dennoch ist der Verbundbrief kein revolutionäres oder demokratisches Papier, vielmehr versucht er einen Ausgleich zwischen den alten Patriziergeschlechtern und dem neuen Geld der Wollweber, Goldschmiede und übrigen Handwerker und Händler, die mit ihren straff organisierten Gaffeln ein wirkungsvolles Gegengewicht zur bisherigen Elite gefunden hatten. Mit dem Rat der »Vierundvierziger«, in den jede der 22 Gaffeln zwei Vertreter entsenden durfte, wurde eine Kontrollinstanz geschaffen, mit der der Rat der Stadt Köln alle wichtigen Entscheidungen von der Heerfahrt bis zu öffentlichen Ausgaben abstimmen musste.

War jetzt der Weg frei für einen Aufbruch ins demokratische Morgenrot? Ach was. Ich sage nur: 1396! Köln!

Die Gaffeln waren an der Macht beteiligt, damit war ihr Mütchen gekühlt, es konnte zur Tagesordnung übergegangen werden. Bald saßen wieder die Mitglieder einflussreicher Familien in den Hinterzimmern und schoben sich die Pöstchen zu. Nur dass jetzt eben ein paar der führenden Handwerkerdynastien mitmischen durften.

»Daß sich die Alltagspraxis von der Verfassungstheorie entfernt, ist freilich keine Kölner Spezialität«, bemerkt der Historiker Günter Schulz zu Recht, in Köln geht das allerdings meist schneller als anderswo. Wahrscheinlich sind die Hinterzimmer einfach gemütlicher.

Die spätmittelalterliche Verfassung, die fast 400 Jahre in Kraft bleiben sollte, ist heute der ganze Stolz der Domstadt. Die Kölner hüten ihn wie ihren Augapfel beziehungsweise im Rahmen ihrer Möglichkeiten. Nachdem nämlich eine mordsexklusive Kungelrunde bei einem festlichen Bankett den Bau einer U-Bahn ausgeknobelt hatte, untertunnelte man auch das Stadtarchiv, in dem das sehenswerte Dokument aufbewahrt wurde. Weil es beim Bau aber zu diversen Unregelmäßigkeiten kam, die den Kölner Aufsichtsbehörden auf wundersame Weise verborgen geblieben waren, stürzte das Archiv ein, begrub zwei Menschen und neben vielen anderen Papieren auch den Verbundbrief von 1396 unter sich. Glücklicherweise konnte das Dokument gerettet werden.

Weiterführende Literatur zum zeitgenössischen kölschen Klüngel

* Frank Überall: **Der Klüngel in der politischen Kultur Kölns**
  Der Journalist und Politologe Frank Überall liefert Fallbeispiele und Strukturbeobachtungen aus der politischen Realität Kölns.

* Erwin K. und Ute Scheuch: **Cliquen, Klüngel und Karrieren. Über den Verfall der politischen Parteien**
  Studie des inzwischen verstorbenen Soziologieprofessor Erwin K. Scheuch über die Abhängigkeiten zwischen Politik und Wirtschaft.

* Peter Berger und Axel Spilcker: **Der Skandal. Der Müll, die Stadt und die Spenden**
  Dokumentation zweier Journalisten des »Kölner

Stadt-Anzeigers« über den Kölner Skandal um die Müllverbrennungsanlage.

* Werner Rügemer: **Colonia Corrupta. Globalisierung, Privatisierung und Korruption im Schatten des Kölner Klüngels**
Anschauliche Schilderung der dubiosen Spendenpraxis im Geflecht von Wirtschaft und Politik. »Ausgezeichnet recherchiert«, befand die »Süddeutsche Zeitung«.

Kabarettistisches Korrektiv

In der Veranstaltungsreihe »Rat reloaded« bereiten die Kabarettistin Marina Barth und der Journalist Frank Überall die Protokolle von Ratssitzungen auf und schauen dabei der Kölner Politik ebenso vergnüglich wie streng auf die Finger.

Theater Klüngelpütz, Gertrudenstraße 24, Köln
www.kluengelpuetz.de

Plattenbauten des Mittelalters

Wie die Burgen an den Rhein kamen

Auch ein Universalgelehrter wie Friedrich Schlegel irrt bisweilen. In seinem Essay »Burgruinen« behauptet er, alle Deutschen wohnten am liebsten auf burgbewehrten Bergen, dabei würden sich die meisten doch schon mit einer Gründerzeitvilla im Park begnügen.

Schlegel hält das deutsche Burgbergwohnen außerdem aus unerfindlichen Gründen für eine »erhabene und edle Neigung«. Dabei liegt es bloß an der Geografie. Zumindest im Rheinland, wo man zwar viel in Burgen wohnte, aber zu »erhabenen und edlen Neigungen« eher nicht so neigt.

Während man das flache Gebiet des Niederrheins mit dem Lineal in flächenmäßig riesige, aber kaum bewohnte Herrschaftsgebiete einteilen konnte, stellte sich die Lage am Mittelrhein wesentlich unübersichtlicher dar. In etlichen Kurven mäanderte der Fluss durch enges Tal und ließ nur hier und da ein freies Fleckchen Ufer, das der Urbarmachung lohnte. Diese Fleckchen allerdings waren begehrt und mussten oft mit Waffengewalt verteidigt werden, weil natürlich alle gern mit Rheinblick wohnen wollten. Im Prinzip hat sich bis heute daran nichts geändert, es sollen noch immer Interessenten im Harnisch auftauchen, wenn der Makler eine Wohnung mit Rheinblick zu vergeben hat.

Aus diesen bewirtschafteten Flecken wurden jedenfalls irgendwann Städtchen oder Grafschäftchen, die sich ein eigenes Wappen überlegt hatten und möglichst nichts mehr mit den Nachbarn hinter der nächsten Biegung des Flusses zu tun haben wollten. Die hatten natürlich auch ein Wappen, stellten das Ding irgendwann an prominenter Stelle über dem Rhein auf und schütteten einen Erdwall drum herum: Die erste Burg am Rhein war entstanden.

Bald hatte jeder eine, die allermeisten waren primitiv und zugig und hatten die Bauherren in finanzielle Nöte gestürzt, aber es half ja nichts. Die alten Rittersleut mochten zwar weder Tod noch Teufel fürchten, dem Gruppendruck aber waren sie genauso ausgeliefert wie ein Reihenhausbesitzer, der sein Auto ohne schützenden Carport im Regen stehen lässt. Ohne Burg waren sie bei den Kollegen unten durch.

Außerdem fand man bald heraus, dass die Rheinburgen ungeahnte Verdienstmöglichkeit boten, die weit über das hinausgingen, was man mit Ackerbau, Viehzucht und gelegentlichen Überfällen bei Nachbars erwirtschaften konnte: Man konnte den Schiffsverkehr auf dem Rhein, den damals bedeutendsten Handelsweg Mitteleuropas, kontrollieren. Wer passieren wollte, musste Zoll bezahlen, sonst: Schiff kaputt. Dies wurde zum beliebtesten Geschäftsmodell der Latifundienbesitzer entlang des Rheins.

Für die wirtschaftliche und politische Entwicklung Deutschlands sollte sich diese raubgierige Kleinstaaterei als katastrophal auswirken, aber das störte die Kurfürsten, Reichsstädte, Landgrafen und sonstigen Schutzgelderpresser nicht: Es lebte sich sehr bequem damit und vor allem davon. Die schlimmsten Dinge wurden im Rheinland ohnehin meist nicht aus Bösartigkeit, sondern aus Faulheit ausgeheckt. So viel zur erhabenen und edlen Neigung.

Spätestens ab dem Hochmittelalter, als die strengen Zoll- und Bauvorschriften (»Regalien«) der ehemals mächtigen deutschen Könige aufweichten, gab es kein Halten mehr. In kurzer Zeit wurde der Rhein mit Burgen vollgerümpelt wie Marzahn mit Plattenbauten. Allerdings hielten sie länger als die Plattenbauten, obwohl man für Burgen schon ab dem 14. Jahrhundert keine Verwendung mehr hatte, weil sie der Feuerkraft moderner Artillerie nicht mehr gewachsen waren. Besonders der französischen, denn von dieser wurden die allermeisten spätestens im Pfälzischen Erbfolgekrieg zerstört, und was dann noch übrig blieb, wurde von Napoleon abgeräumt, der eine Allergie gegen alte Gemäuer gehabt haben muss oder heimlich von einer Karriere als Abrissunternehmer träumte.

Viele dieser französischen Kollateralschäden wurden von den Preußen, welche nicht nur den preußischen Militarismus, sondern auch die Romantik miterfunden hatten, wieder aufgebaut, damit sie anschließend von den Engländern, die den Kapitalismus und Tourismus erfanden, besucht werden konnten. So kann das Mittelrheintal mit seinen zahlreichen alten Burgen im oftmals neugotischen Gewand als wahrhaft europäisches Projekt gesehen werden.

Burg Drachenfels und Schloss Drachenburg

Von der berühmtesten Burganlage des Siebengebirges steht nur mehr die Ruine eines dreistöckigen Bergfrieds. Die thront allerdings weithin sichtbar und tourismusfördernd auf dem Berg Drachenfels, der seinen Namen wiederum dem Gestein Trachyt verdankt, das seinen Flanken entrissen wurde, um damit beispielsweise den Kölner Dom zu bauen.

Dem Volksmund und den Fremdenverkehrsämtern vergangener Zeiten war diese Erklärung zu popelig, weswegen sie flotte Sagen mit Drachen und Jungfrauen erdachten oder bereits vorhandene benutzten. Deswegen gibt es heute am Fuße des Drachenfelses einen Reptilienzoo für die Kinder und für Vati und Mutti eine herrlich muffige Nibelungenhalle aus Wilhelminischer Zeit, die 1913 zum 100. Geburtstag Richard Wagners eröffnet wurde. Dort kann man auf den großformatigen Ölschinken des Malers Hermann Hendrich einem extrem blonden Siegfried beim Drachenwürgen und Jungfrauenbefreien zugucken kann. Oder umgekehrt. Zumindest dräuet und wallet auf diesen Gemälden alles, was in der nordischen Götterwelt Rang und Namen hat beziehungsweise im »Ring des Nibelungen« erwähnt wird, dem ist der zwölfteilige Bilderzyklus nämlich gewidmet.

Unterhalb der Burg, die 1138 vom Kölner Erzbischof gebaut und im Dreißigjährigen Krieg zerstört wurde, hat sich ein ehrgeiziger Bonner Gastwirtssohn ein exzentrisches Denkmal gesetzt. Als steingewordene Profilneurose mit mannigfaltigen Türmchen, Giebelchen und Zinnchen einer blühenden historisierenden Fantasie manifestiert sich dort Schloss Drachenburg, das der ebenso erfolgreiche wie zwielichtige Börsenmakler und spätere Baron von Sarter 1882 als Privatvilla errichten ließ, um niemals dort einzuziehen. Sarters Schloss ist eher als imperiale Geste an die rheinische Elite zu verstehen, die ihn nie als einen der Ihren anerkennen mochte, aber nun jeden Morgen auf dessen Prachtschloss schauen musste.

1971 wurde die Drachenburg vom ebenbürtig exzentrischen Privatier Paul Spinat gekauft, der sich gern als adelig-frankofoner »Monsieur de Spinat« anreden ließ, aber ebenso wie Sarter aus einfachen Verhältnissen stammte. Der ehemalige Bad Godesberger Fabrikant lud die rheinischen Honoratioren zu rauschenden Soireen ein, bei denen »Monsieur de Spinat« Kostproben seines vorzüglichen Orgelspiels zu geben geruhte. Die Orgel freilich war eine Attrappe und die Musik kam vom Tonband, was jeder der Gäste gewusst, aber niemand auszusprechen gewagt haben wird.

Das Ensemble seltsamer Bauten auf dem Drachenfels vervollständigte ab den 60er-Jahren ein bunkerähnliches Ausflugslokal aus Waschbeton, das sich so harmonisch in die Landschaft schmiegte wie ein Furunkel an den Arsch. Mittlerweile ist es aber abgerissen worden. Was auch wieder schade ist, die Pommes waren nämlich gut.

Nibelungenhalle, Drachenhöhle und Reptilienzoo

Die etwas patinierte Ausflugsdreifaltigkeit aus teutonophiler Nibelungenhalle, Drachenhöhle (inklusive 13 Meter langem Steindrachen) und lebendigen Panzerechsen kann von März bis November täglich von 10 bis 18 Uhr besucht werden. Futtertiere für die Reptilien sind jedoch nur nach telefonischer Vereinbarung abzugeben, verkündet die Webseite. Offenbar hat man da schlechte Erfahrungen gemacht.

www.nibelungenhalle.de

Wolkenburg

Weitaus größer und wehrhafter als die Anlage auf dem Drachenfels muss die benachbarte Wolkenburg gewesen sein, von der allerdings nichts mehr zu sehen ist. Auch die

Kuppe des Berges Wolkenburg hat über die Jahrhunderte ihre ursprüngliche Form verloren, da sie als Steinbruch für das begehrte Gestein Latit herhalten musste, aus dem man prima zierliche Schnörkel und Bögelchen basteln kann, wie man sie, sagen wir mal, beim Dombau braucht. Der Kölner Dom ist quasi aus einem einzigen großen Stück Siebengebirge geschnitzt worden. Aber zurück zur Wolkenburg.

Der Kölner Erzbischof Friedrich I. errichtete die Burg im Jahr 1118 zum Schutz der südlichen Flanke des Erzbistums gegen seine Burgnachbarn, die Grafen von Sayn. 1146 beherbergte sie kurzzeitig die Kölner Juden, die dort Zuflucht vor marodierenden Kreuzrittern suchten.

Die Ritter hatten sich in Köln zum zweiten Kreuzzug versammelt und wollten an den dort ansässigen Juden schon einmal das Massakrieren von Ungläubigen üben, was der Erzbischof in Ausübung seines Amtes als Schutzherr der Juden zu verhindern suchte und in diesem einen Fall ausnahmsweise wohl auch tat. Im 16. Jahrhundert verfiel die stattliche Anlage bereits.

Rolandsbogen der Burg Rolandseck

Gegenüber dem Siebengebirge auf linksrheinischer Seite, an einem Abhang des Rodderberges, steht efeuumrankt der Rolandsbogen, die nördlichste Burgruine des Landes Rheinland-Pfalz. Die Burg Rolandseck wurde, genau wie das Kloster auf der Rheininsel Nonnenwert, 1122 vom umtriebigen Kölner Erzbischof Friedrich I. erbaut, womit sich der Volksmund jedoch wieder nicht zufriedengeben wollte und umstandslos eine ziemlich seifige Legende aus karolingischer Zeit recycelte.

Der Legende nach wurde die Burg nämlich aus Liebeskummer vom Ritter Roland erbaut, dessen Freundin Hildegunde ins Kloster gegenüber gezogen war, nachdem man ihn für tot erklärt und das Aufgebot abbestellt hatte.

Aus dem Krieg gegen die Sarazenen zurückgekehrt fand Roland seine Braut unwiderruflich unter der Haube Christi wieder und ließ schmollend nämliche Burg errichten. Die beiden sollen sich anschließend jahrelang über den Rhein hinweg schmachtend angeblickt haben, bis sie simultan vor Gram starben. Um 1475 wurde die Burg Rolandseck belagert und zerstört, nachdem sich die Stände des Erzstiftes Köln mit dem Kurfürsten Ruprecht von der Pfalz wegen Erbstreitigkeiten in den Haaren gelegen und halb Europa in diese Angelegenheit verwickelt hatten, weil sonst ja kein anständiger Krieg daraus geworden wäre.

Im Winter 1840 stürzte, sehr zum Entsetzen des Dichters und Kaufmanns Ferdinand Freiligrath, auch noch der Rolandsbogen ein, obwohl verwunschene Bögen in Rheinlage gerade en vogue waren. Der in Unkel wohnende Freiligrath lancierte daraufhin einen Spendenaufruf in der »Kölnischen Zeitung« und sammelte 392 Taler, 9 Silbergroschen und 6 Pfennige für den Wiederaufbau ein. 1914 wurde dem Dichter dafür selbst ein Denkmal gesetzt, die Kosten beliefen sich auf 33.000 Mark. Aber letzten Endes zählt ja nicht das Geld, sondern eher die Geste.

Essen mit Ausblick

Die Insel Nonnenwerth, das Rheintal und das Siebengebirge lassen sich wunderbar von der Terrasse des Restaurants am Rolandsbogen aus betrachten. »Von hier aus hat man einen der sieben schönsten Blicke der Welt«, hat schon Alexander von Humboldt ermittelt, der tatsächlich viel herumgekommen war.

www.rolandsbogen.de

Schloss Engers

Das ausnehmend einladende Anwesen mit dem schnieken Rokokointerieur liegt wie hingegossen am flachen Rheinufer bei Neuwied. 1758 wurde das cremeweiße Sahnebaiser von einem Schloss für den Trierer Kurfürsten Johann Philipp von Walderdorff als »Maison de Plaisance« von Johannes Seitz entworfen, der immerhin bei Balthasar Neumann in die Lehre gegangen war. Heutzutage finden in dem Lustschloss, das der Stiftung »Villa Musica« gehört, Kammerkonzerte und Seminare in barocker Atmosphäre statt. Außerdem kann man dort sehr gediegen heiraten.

www.schloss-engers.de

Festung Ehrenbreitstein

Die preußische Feste liegt trutzig und gedrungen auf 118 Metern über dem Rhein bei Koblenz. Am gegenüberliegenden Ufer trutzt ebenso preußisch das Reiterstandbild Kaiser Wilhelms I., das den Zusammenfluss von Rhein und Mosel markiert. Das Denkmal auf der aufgeschütteten Landzunge soll ferner die Reichsgründung unter der Leitung des Hauses Hohenzollern von 1871 mit reichlich Eichenlaub, Tschingderassabumm und Tamtam verherrlichen und vor allem den welschen Erbfeind mit einem »Faustschlag aus Stein« (K. Tucholsky) vom teutschen Strome fernhalten.

»Das Ding sah aus wie ein gigantischer Tortenaufsatz«, notierte der Autor Tucholsky 1930 über das pompöse Denkmal für jenen Kaiser, der als »Kartätschenprinz« die 1848er Revolution zusammenschießen ließ, und bescheinigte dem Koloss »Ornamente-Masern«: »... sich bäumende Reptilien und gewürgte Schlangen und Adler und Wappen und Schnörkel und erbrochene Lilien und was weiß ich ... es war großartig. Ich schwieg erschüttert«. Dem ist nichts hinzuzufügen.

Die Burganlage indes entstand bereits im 10. Jahrhundert, ging im 11. Jahrhundert in kurtrierischen Besitz über, wo sie als militärische Festung und Nebenresidenz des Erzbischofs verblieb, bis sie 1801 von napoleonischen Truppen in die Luft gesprengt wurde. Die heute sichtbare Anlage wurde zwischen 1817 und 1828 vom preußischen Ingenieur und Offizier Carl Schnitzler errichtet.

Mit der Seilbahn zur Festung

Seit der Koblenzer Bundesgartenschau 2011 ist Ehrenbreitstein vom gegenüberliegenden Rheinufer aus mit einer Seilbahn zu erreichen, die nach der Buga eigentlich abgebaut werden sollte. Mittlerweile hat sich die Kabinenbahn aber zum Touristenmagneten und neuen Wahrzeichen der Stadt entwickelt und soll deswegen bleiben. Die Fahrt ist tatsächlich atemberaubend, nach anfänglicher Skepsis hat sich auch die UNESCO mit dem Fahrgeschäft abgefunden und dessen Denkmalunbedenklichkeit amtlich beglaubigt. Jetzt wird geprüft, ob man sich das teure Gerät wirklich dauerhaft leisten kann.

Burg Stolzenfels

Ebenfalls bei Koblenz, jedoch gegenüber der Lahnmündung, erhebt sich auf der linken Rheinseite die Burg

Stolzenfels, 1242 unter Erzbischof Arnold von Isenburg erbaut, in ihrem heutigen neugotischen Gewand. In den 1840er-Jahren wurde die alte kurtrierische Zoll- und Zwingburg von keinem Geringeren als Karl Friedrich Schinkel, dem Stararchitekten des preußischen Klassizismus, zum Jagdschloss umgebaut und als solches 1845 von Queen Victoria höchstselbst begutachtet.

Von führenden Musen empfohlen

Im Schloss Stolzenfels werden Schauspielführungen angeboten. Eine »Muse von Stolzenfels« führt Besucher durch die Epochen und lässt Romantik, Reaktion, Nationalismus und Revolution am preußischen Rhein lebendig werden. »Eine hoch atmosphärische One-Woman-Show«, so die Koblenzer »Rhein-Zeitung«.

http://stolzenfels.gdke.webseiten.cc

Marksburg

Die romanische Burganlage mit ihrer charakteristischen Dreiecksform stammt aus der Stauferzeit und wurde vom Geschlecht der Herren von Eppstein erbaut, die im Hochmittelalter vor allem als Mainzer Erzbischöfe eine ganz große Nummer waren, sich aber 1535 sang- und klanglos aus der Geschichte verabschiedeten.

Als die Nachmieter der Eppsteiner, das lustige Raubrittergeschlecht derer zu Katzenelnbogen, ebenfalls ausstarben, wanderte die Burg in den Besitz der Landgrafen von Hessen, die die Marksburg und das Örtchen Braubach zu einer gut befestigten protestantischen Exklave im katholischen Rheinland ausbauten. Die Marksburg steht auf einem Schieferkegel, der sich mit seinen 160 Metern Höhe als derart uneinnehmbar erwies, dass die Festung als eine der wenigen Höhenburgen sowohl dem Pfälzischen Erbfolgekrieg als auch den marodierenden Banden des Dreißigjährigen Krieges trotzte und deswegen noch heute mit original mittelalterlicher Pracht (inklusive Burgküche, Rittersaal, Kemenate, Kapelle, Rüstkammer, Weinkeller, Wehrgang, Turmstube und einem schönen Kännchen Kaffee) reichlich Touristen anlockt. Vollkommen zu Recht übrigens.

Eine Replik der Burg steht auf der japanischen Insel Miyakojima und bildet neben einem fast originalen Stück der Berliner Mauer, einem Diddl-Maus-Shop und einer Modelleisenbahnanlage die Hauptattraktion des »Ueno German Culture Village«, das vom kleinen Flughafen der Insel bequem über die »Gerhard-Schroeder-Road« zu erreichen sein soll. Mehr Japaner gibt es bei guter Witterung aber auf der echten Marksburg zu entdecken.

www.marksburg.de

Burg Katz und Burg Maus

Die Grafen von Katzenelnbogen wurden von Geschlechtern mit cooleren Tieren im Namen wie den Falkensteinern im Hochmittelalter ziemlich gehänselt, wenn auch sicherheitshalber hinter vorgehaltenem Schild. Dabei waren sie immerhin Reichsgrafen und ohnehin nur dem Namen nach putzig, der wahrscheinlich eh nichts mit der Katz zu tun hat, sondern schlichtweg bedeutet, dass die Herren von Katzenelnbogen von einem Hügel (*Melibocus*) stammen, auf dem früher die alten Hessen (*Chatti*) gehaust haben. Ihre kompakte Ein-Familien-Burg, erbaut im Jahre 1393 von Graf Johann III., liegt unweit der Loreley oberhalb von St. Goarshausen und damit direkt gegenüber einer damals kurtrierischen Feste im Besitz der Falkensteiner, die deswegen von den Katzenelnbogenern nur Burg Maus genannt wurde. Ätsch.

www.burg-katz.de, www.burg-maus.de

Burg Gutenfels

Die Existenz einer Burg bei Kaub ist seit 1261 urkundlich belegt, wenngleich sie vermutlich bereits früher angelegt worden ist. Sie befand sich ebenfalls im Besitz des hessischen Adelsgeschlechtes Falkenstein, das sie als einträgliche Zollfeste betrieb, bis die Falkensteiner die Burg samt Dorf um 1277 an die Pfalzgrafen verhökerten, die sie erfolgreich im Bayerisch-Pfälzischen Erbfolgekrieg (1503–1507) gegen den Landgrafen Wilhelm von Hessen und im Dreißigjährigen Krieg gegen diverse Heerhaufen verteidigten, weshalb die Burg schließlich »Gutenfels« genannt wurde: Sie stand einfach auf einem total guten Felsen. 1793 wurde die Burg dennoch kampflos den Franzosen übergeben, die sie 1806 unter Napoleon – man ahnt es bereits – in die Luft sprengten. Ob der korsische Feldherr deswegen als Erfinder des heute beliebten Feuerwerkspektakels »Rhein in Flammen« gelten kann, ist dennoch zumindest umstritten. Nach dem Siegeszug der Rheinromantik wurde die Burg vom Kölner Architekten Gustav Walter im Sinne eines idealisierten Mittelalters aufgebaut.

Pfalzgrafenstein

Während die allermeisten Burgen den Fluss als Höhenburgen säumen, liegt Pfalzgrafenstein wie ein steinernes Schiff mitten im Rhein, wie schon der rheinreisende Victor

Hugo vollkommen zu Recht anmerkte. Pfalzgrafenstein ist die wohl aufdringlichste der zahllosen Zollfesten, die den mittelalterlichen Flusshandel durchschnittlich alle 2,5 Kilometer zu einem nervtötenden Geschäft machten, weil jedes Mal ein dahergelaufener Land-, Pfalz-, Reichs- oder sonstiger Graf die Hand aufzuhalten geruhte, wenn nicht gerade ein kirchlicher Würdenträger den Klingelbeutel schwenkte. Dass der Beruf des Zöllners von der Bibel als wenig reputierlich angesehen wurde, scheint die Kleriker dabei kaum gestört zu haben. Als die französischen Revolutionstruppen Ende des 18. Jahrhunderts im Rheinland einmarschierten, wurden ihnen seitens der Bevölkerung gewisse Sympathien zuteil, weil sie diesem immens teuren Partikularismus vorübergehend ein Ende bereiteten.

Die auf einer kleinen felsigen Insel im Rhein bei Kaub gelegene Festung hatte für ihren Betreiber und Erbauer, den Pfalzgrafen Ludwig II., den unschätzbaren Vorteil, dass er den Rhein mittels schwerer Ketten für den Schiffsverkehr komplett sperren konnte, um seinen horrenden Forderungen Gewicht zu verleihen. Dies wiederum brachte die nachbarlichen Erzbistümer auf die Palme, die

den Pfalzgrafen 1277 vom Heiligen Vater daselbst mit dem Kirchenbann belegen ließen, weil er seine Einnahmen partout nicht mit ihnen teilen wollte. 1866 gelangte die Burg in den Besitz des Königtums Preußen, das das notdürftig als Zollwesen getarnte Raubrittertum endgültig abschaffte.

www.burg-pfalzgrafenstein.de

Burg Sterrenberg und Liebenstein, die feindlichen Brüder

Ursprünglich gehörten die beiden Burgen des Rhein-Lahn-Kreises den Sponheimer Grafen aus dem Hunsrück, die sie einer befreundeten Rittersfamilie namens Sterrenberg zum Lehen gaben.

Während Burg Sterrenberg ihnen aber vom Trierer Erzbischof 1320 abgeluchst wurde, verkauften die Sponheimer Grafen die andere Burg, also Burg Liebenstein, schnell an ihre Mieter, die sich prompt von Sterrenberg in Liebenstein umbenannten, um ein bisschen Verwirrung zu stiften.

Auf jeden Fall wurden beide Burgen militärisch wider die unliebsamen Nachbarn gesichert, sodass sie sich wie feindliche Brüder gegenüberstanden. Die Rheinromantiker fanden diese Erklärung zu blöde und dachten sich eine süffige Geschichte aus, die man als Hollywood-Blockbuster inszenieren könnte. Sie geht in etwa so: Zwei Brüder. Eine Frau. Ein Schwertkampf. Zwei Brüder erschlagen in ihrem Blute liegend. Eine Frau, haareraufend alleine und Abblende. Heinrich Heine greift die Sage in seinem »Buch der Lieder« auf und beschreibt den weiblichen Auslöser des Bruderzwistes so:

Gräfin Lauras Augenfunken
Zündeten den Brüderstreit.
Beide glühen liebestrunken
Für die adlig holde Maid.

www.burg-sterrenberg.de, www.burg-liebenstein.de

Burgen Sooneck und Reichenstein

Die beiden Burgen aus dem 11. Jahrhundert gehörten zum Fernbesitz der Abtei Kornelimünster bei Aachen, die diesen Standort von ihren Vögten, den Herren von Bolanden-Hohenfels, verwalten ließen. Diese feinen Herren hatten jedoch die wenig christliche Angewohnheit, vorbeiziehende Kaufleute bis aufs letzte Hemd auszuplündern, was wiederum den Rheinischen Städtebund vergrätzte, der vermutlich um 1254 ein Heer vorbeischickte und beide Burgen erfolgreich belagerte. Die Abtei Kornelimünster distanzierte sich entsetzt und versprach brutalstmögliche Aufklärung: Sie löste das Arbeitsverhältnis mit ihrem Burgvogt auf und Philipp von Hohenfels musste 100 Mal »Ich darf keine Kaufleute ausplündern, die dem Städtebund noch Zoll einbringen können« an die Tafel schreiben. Dann wurden beide Burgen an das Mainzer Erzbistum verkauft, die für die Objekte einen fähigen Burgvogt suchte. Die Wahl fiel auf Philipp von Hohenfels, der seine Raubzüge natürlich unverzüglich wiederaufnahm.

Als jedoch Rudolf von Habsburg zum deutschen König gewählt und die Reichsgewalt damit erheblich gestärkt wurde, endete das fröhliche Raubritterleben auf Burg Reichenstein. Rudolf zerstörte die Burg und untersagte sogar auf ewig ihren Wiederaufbau, woraufhin Reichenstein erst nach seinem Tod wiederaufgebaut wurde. Die Spießgesellen der Hohenfelser ließ der wütende König an den Bäumen aufhängen, ihr Chef Dietrich von Hohenfels, der die Nachfolge seines Vaters Philipp angetreten hatte, entkam allerdings.

www.burg-reichenstein.de, Informationen zur Burg Sooneck über www.burgen-rlp.de

Schloss Bürresheim

Vorsicht. Im Schloss Bürresheim wimmelt es nur so vor schneidigen Nazis mit Monokel und amerikanischem Akzent, die sehr gefährlich herumschreien. Allerdings nur im dritten Teil von »Indiana Jones«, dem es als Kulisse bei der Gralssuche gedient hat. Dort wird das Bauwerk aus dem 12. Jahrhundert allerdings an der österreichischen

Grenze verortet und Schloss Brunwald genannt. In Wahrheit liegt es aber im Nettetal, in der Nähe von Mayen. Seine Beliebtheit als Filmkulisse rührt daher, dass Schloss Bürresheim, genau wie die Burg Eltz oder die am Rhein gelegene Marksburg, die Zeitläufte ohne größere Zerstörung überstanden hat.

Informationen zum Beispiel unter www.eifel.de

Burg Eltz

So und nicht anders haben Ritterburgen auszusehen. Deswegen wurde die wehrhafte Festung massenhaft en miniature nachgebaut und unter den Weihnachtsbaum gelegt und außerdem als Motiv für den 500-DM-Schein ausgewählt. Die Älteren und Wohlhabenderen werden sich erinnern. Die Burg Eltz ist ein Gemeinschaftsprojekt verschiedenster Epochen und weist Gebäudeteile in romanischem, spätgotischem, Renaissance- und Barockstil auf. Seit über 800 Jahren ist sie im Besitz der gleichnamigen Familie und muss deswegen als einer der ältesten inhabergeführten Betriebe des Landes gelten.

www.burg-eltz.de

Franzosen und Preußen

Wie das Rheinland zweimal den Besitzer wechselte

Als sich die Franzosen am 14. Juli 1790 zum großen Ringelpiez um den Freiheitsbaum auf dem Pariser Marsfeld trafen, bei dem sie König Ludwig XVI. auf ihre neue, freiheitliche Verfassung schwören ließen, bestand das Deutsche Reich noch aus 350 reichsunmittelbaren Herrschaftsgebieten, in denen Worte wie »Verfassung« oder gar »Freiheit« höchst ungern gehört wurden, weil alle Obrigkeit schließlich vom Herrgott höchstpersönlich eingesetzt worden war. Im Rheinland stellten die Kleriker oftmals sogar gleich selbst die weltliche Herrschaft, weswegen das Rheintal von den Freunden der Aufklärung auch verächtlich »Pfaffengasse« genannt wurde.

150 der unterschiedlichen Reichsterritorien hatten Dependancen im Rheinland oder waren gleich ganz dort angesiedelt, sodass der Landstrich einem feudalistischen Flickenteppich glich, während das benachbarte Frankreich längst Nationalstaat geworden war und sich zudem mit Riesenschritten auf dem Weg zur Republik befand. Jedenfalls bis ein erfolgreicher korsischer Feldherr sich zum Kaiser zu krönen beliebte.

Vier Jahre später trafen sich die Franzosen wieder zur Revolutionsfete auf dem Marsfeld, den Vorsitz führte diesmal jedoch ein streitbarer Herr namens Robespierre, denn Ludwig XVI. war verhindert, weil er in den Revolutionswirren seinen Kopf verloren hatte. Als Maskottchen hatte man stattdessen ein gewisses »höchstes Wesen« eingeladen, das als revolutionärer Religionsersatz dienen sollte.

Auch im linksrheinischen Gebiet des Rheinlandes war nichts mehr wie ehedem; aufregende Zeiten waren angebrochen. Nach der missglückten Kanonade von Valmy, bei dem der österreichisch-preußische »Spaziergang nach Paris« gewaltsam beendet worden war, hatten die Revolutionstruppen zum Gegenschlag ausgeholt und waren über Speyer und Worms ins Rheinland vorgerückt. Uneingedenk aller revolutionären Freiheitsversprechen vom Selbstbestimmungsrecht der Völker besetzten die Franzosen die rheinischen Lande und erfüllten damit einen alten imperialen Traum ihrer gerade erst überwundenen Monarchie. Einen Traum, den bereits Ludwig XIV. geträumt hatte: den vom Rhein als Ostgrenze Frankreichs. Bereits 1688, im Pfälzischen Erbfolgekrieg, hatte der Sonnenkönig versucht, sich unter fadenscheinigen Gründen die Kurpfalz und das linke Rheinufer einzuverleiben, musste sich aber 1697 schließlich mit dem Elsass und Straßburg zufriedengeben, die vorher Reichsgebiet gewesen waren.

Der rheinischen Urbevölkerung allerdings war die Vorstellung vom Rhein als Grenzfluss überhaupt nicht geläufig. Sowohl die Kurstaaten Trier und Köln wie auch das Herzogtum Jülich-Berg lagen beiderseits des Stroms, aber die französischen Propagandisten erinnerten sie bald daran, dass schon Julius Cäsar den Rhein als Grenze Galliens identifiziert hätte. Doch auch der hatte bekanntlich gelogen.

Am 8. August 1794 besetzten die Franzosen Trier, am 23. September Aachen, am 6. Oktober Köln und am

8. Oktober, weil man schon mal in der Gegend war, auch noch Bonn.

Die Rheinländer standen staunend am Straßenrand, sagten »*Ach, Jott*« und gingen nach Hause. In ihrer Mehrzahl waren sie weder glühende Anhänger der alten Regime noch überzeugte Jakobiner.

In Aachen oder Köln hatten wohl politisierende Männer mit roten phrygischen Mützen in verrauchten Hinterzimmern gesessen und sich die Köpfe heiß geredet, bis der Morgen graute oder die Büttel der Staatsmacht unsanft anklopften, doch reichte der politische Einfluss dieser jakobinischen Clubs häufig kaum über eben diese Hinterzimmer hinaus.

Anders sah es jedoch in Mainz aus. An dessen kurfürstlichem Hof waren nämlich zahlreiche Schranzen des gestürzten französischen Ancien Régime untergekommen, die durch ihr abschreckendes Beispiel für ungeahnten Auftrieb der republikanischen Idee sorgten und den Mainzer Jakobinern reichlich Zulauf bescherten.

Die meisten Rheinländer indes waren freie Bauern, kleine Handwerker oder Händler, denen es ziemlich wurscht war, wem sie Steuern zu zahlen hatten.

Genuin rheinische Gesellschaftsentwürfe kamen ohnehin höchstens in der ständischen Politik der Reichsstädte Aachen oder Köln zum Tragen, die kurz nach dem Eintreffen der Franzosen prompt ihre republikanischen Wurzeln wiederentdeckten. So nannte sich der kölsche Rat nun mit Vorliebe »Senat der Ubier« und schrieb blumige Ergebenheitsadressen an den französischen Konvent, blieb aber eisern beim bis heute bewährten Modell der mildtätigen Kleptokratie. Ernst Moritz Arndt, beileibe nicht als Franzosenfreund bekannt, bescheinigte der städtischen Politik Kölns noch Jahre später einen »finstern Aristokratismus«.

Die rheinischen Reichsstädte waren eigentlich schon seit dem Mittelalter nicht mehr wettbewerbsfähig und sahen mittlerweile entsprechend aus. Das schmerzte umso mehr, als dass man im Rheinland auf eine ruhmreiche Geschichte als Handelsmacht zurückblickte und mit einer Bevölkerungsstruktur aus unabhängigen Bauern und recht gut ausgebildeten Handwerkern besser für die Zukunft gerüstet war als etwa die großagrarisch geprägten Gesellschaften des ostelbischen Raums. Man war also gut aufgestellt, litt aber unter einem mehrhundertjährigen Reformstau.

Den Merkantilismus, eine Art gelenkte Marktwirtschaft der frühen Moderne, hatte man bereits verpasst, nun war man im Begriff das nächste heiße Ding, die klassische Nationalökonomie, wie sie der Schotte Adam Smith beschrieben hatte, zu verpassen, weil hierorts noch die Zünfte und Zollschranken des Mittelalters herrschten. Entsprechend verbanden sich, wenn überhaupt, mit der französischen Besatzung weniger politische als vielmehr ökonomische Hoffnungen.

Der militärische Widerstand gegen die Besetzung war, zumindest seit der Niederlage der Reichsarmee in Nordfrankreich, denn auch relativ gering. Eine Bewaffnung der Bürger wie im revolutionären Frankreich, dessen *levée en masse* der Armee überhaupt erst die nötige Durchschlagskraft verliehen hatte, kam für die rheinischen Landesherren nicht infrage: Sie misstrauten zunächst der Loyalität ihrer Untertanen.

Die beiden ewig rivalisierenden Großmächte des Reiches, Preußen und Österreich, wiederum beäugten einander argwöhnisch bei der einträglichen Teilung Polens, an der Westmark des Reiches hingegen zeigten sie kaum Interesse.

Auch der flammende Appell des Erzbischofs von Trier (»Deutsche Bürger, vergesst eure Deutschheit nicht«) an das Nationalgefühl seiner Untertanen fruchtete nicht. In der Mehrzahl besaßen sie noch gar keins. Erst die Kontributionen und vor allem die Truppenaushebungen, mit denen die napoleonische Verwaltung des Rheinlandes die kostspieligen Feldzüge zu finanzieren und zu bemannen suchte, weckten den Widerstandsgeist der Rheinländer. Zumal im fernen Preußen die geistige Strömung der Romantik erfunden wurde, die für das aufkeimende nationale Bewusstsein eine möglichst geschichtsbeladene Kulisse suchte und sie schließlich am Rhein mit seinen mittelalterlichen Kirchen, Burgen und Sagen fand.

Ein Zentrum antinapoleonischen Widerstandes wurde das Rheinland allerdings nicht, man arrangierte sich recht gut mit den Franzosen, genau wie man sich später mit den Preußen arrangieren sollte, die das Rheinland nach ihnen in Besitz nahmen. Mit beiden Obrigkeiten fuhr man in wirtschaftlicher Hinsicht recht gut. Zwischen 1794 und 1811 verdreifachte sich die Kohleproduktion im Aachener Revier und Köln wurde in napoleonischer Zeit zur größten deutschen Gewerbestadt, auch wenn es jetzt angeblich in Frankreich lag.

1797 wurde das linke Rheinufer auch formell dem französischen Staat zugeschlagen, mit dem Elsässer Franz Josef Rudler wurde ein fähiger Generalkommissar ins Rheinland geschickt, der die fortschrittliche französische Verwaltungs- und Rechtsordnung einführen sollte. Mit dem »Code Napoleon« erhielt das Rheinland erstmals eine einheitliche Rechtsordnung, die sich für die Gewerbetreibenden vorteilhaft von dem Gemauschel der Kleinfürsten und Reichsstädte abhob, schließlich hatten Verfahren jetzt öffentlich und in mündlicher Form stattzufinden.

Statt der überlieferten Gewohnheiten, die Orte, Landschaften und soziale Gruppen voneinander unterschieden, wurde Recht jetzt erstmals als dauerhaftes und eindeutiges Regelwerk verstanden, das für alle Rechtssubjekte gleichermaßen galt. Die bürgerlichen Freiheits- und Eigentumsrechte wurden gestärkt, das lähmende Ständewesen wurde mit Einführung der Gewerbefreiheit beseitigt und das linksrheinische Gebiet durch Einführung einheitlicher Münz-, Maß- und Gewichtseinheiten in den französischen Wirtschaftsraum inkorporiert.

Außerdem führten die Franzosen die Hausnummern ein, mit deren Hilfe sie sich in den verwinkelten Städtchen am Rhein zurechtzufinden versuchten. Eine der bekanntesten Hausnummern sollte die 4711 in der Kölner Glockengasse werden, die als Markenname für das »Eau de Cologne« dienen sollte.

Ab 1801 wurden die weitläufigen Besitztümer der Geistlichkeit säkularisiert. Eine Maßnahme, die ein zwiespältiges Echo hervorrief. Einerseits wurde damit eine beachtliche Umverteilungsmaschinerie in Gang gesetzt, welche die letzten feudalen Lasten beseitigte, den Aufstieg des Bürgertums und damit die Modernisierung der Gesellschaft beschleunigte. Magnaten wie der Kölner Bankier Johann Abraham Schaaffhausen beteiligten sich rege am Handel mit ehemals kirchlichen Besitzungen und stiegen ganz groß ins Immobiliengeschäft ein.

Andererseits bewirkten die Profanierungen der Kirchenschätze, die mitunter recht rabiat ausfallen konnten – so wurde die Abtei in Heisterbach als Steinbruch verkauft und dem Torso des Kölner Doms ein ähnliches Schicksal angedacht –, erst recht eine Identifizierung mit den Produkten einer Geschichte, die gerade unter dem Einfluss der Romantik erstmals als eine nationale verstanden werden sollte.

In der Neujahrsnacht 1814 läutete der preußische Feldmarschall Blücher das Ende der Franzosenzeit ein. Auf einer schwankenden, in Windeseile errichteten Pontonbrücke setzte »Marschall Vorwärts« bei Kaub mit seinen schlesischen Truppen über den Rhein, schlug die nach zahlreichen Feldzügen geschwächten französischen Truppen und tauschte den kaiserlich-napoleonischen Adler gegen den preußischen aus. Die Rheinländer standen staunend am Straßenrand, sagten *»Ach, Jott«* und gingen nach Hause. Ein Jahr später, nach dem Wiener Kongress, gehörten sie schon formell zu Preußen, ohne dass jemand sie nach ihrer Meinung gefragt hätte.

Zwar hätten die Preußen lieber das ihnen benachbarte Königreich Sachsen als Kriegsbeute bekommen, doch die beiden Diplomaten Talleyrand und Metternich setzten durch, dass sie stattdessen Wacht am Rhein halten sollten. Man wollte sie damit von eventuellen Großmachtplänen, die durch einen Zusammenschluss der sächsischen mit den preußischen Territorien Auftrieb erhalten hätten, Einhalt gebieten und gleichermaßen die Franzosen in Schach halten. Deswegen konnte das Königreich Sachsen, das mit Napoleon verbündet gewesen war, bis 1918 seine relative Unabhängigkeit bewahren, während das unbeteiligte Rheinland schon wieder den Besitzer wechselte.

So recht begeistert waren also beide Seiten nicht von der diplomatischen Zwangsehe. Die liberalen Rheinländer fürchteten die preußische Zensur, die katholischen den preußischen Protestantismus und alle zusammen fürchteten, dass ihr neu erworbenes Preußentum eine kostspielige Sache werden könnte. Die Preußen galten nämlich als militärisch versiert, aber auch als »arm wie eine Tüte Sand« (Rainald Grebe). Mithin also als Gegenteil des Rheinländers, der in Gestalt des Bankiers Schaafhausen unkte: *»Jesses, Marie und Josef. Do hirode mer äwwer in en ärm Famillich.«*

Die Preußen entpuppten sich indes als recht vorsichtige Dienstherren. Nach Protesten der einflussreichen Stadträte verschob man die Einführung des wesentlich rigideren »Preußischen Landrechtes« auf unbestimmte Zeit und ließ den Rheinländern den mittlerweile beliebten »Code Napoleon«. Er sollte als »Rheinisches Recht« bestehen bleiben, bis 1900 das »Bürgerliche Gesetzbuch« eingeführt wurde. Von einer »Repräsentation des Volkes«, die der preußische König noch 1815 versprochen hatte, war freilich bald keine Rede mehr. Sie war auch unter den rheinischen Eliten nicht so schrecklich beliebt.

1853 einigte man sich stattdessen auf einen extrem faulen Kompromiss. Durch das »Rheinische Recht« blieb die wirtschaftliche Entwicklung des Besitzbürgertums vor dem Zugriff des feudalen preußischen Rechts geschützt, dafür stimmte es freudig einer autoritären Kommunalverfassung und einem »extrem ungleichen Wahlrecht« zu. »Wer mehr Steuern zahlte, dessen Stimme wog auch mehr«, urteilt der Historiker Christoph Nonn. Erst 1918 wurde dieses ungerechteste aller deutschen Wahlrechte abgeschafft.

Auch auf anderen Gebieten verstanden es die Preußen, die Rheinländer für sich zu gewinnen. Seit der Jahrhundertwende kursierten diverse Pamphlete, welche die Fertigstellung des Kölner Doms forderten. Man hatte die Arbeiten Mitte des 16. Jahrhunderts unterbrochen, als man gemerkt hatte, dass die Gotik schon mehrere Hundert Jahre aus der Mode gekommen war. In diesen Tagen zierte statt der beiden Türme ein riesiger Kran die Silhouette Kölns. Als Wahrzeichen für die kölsche Flickschusterei sei der auch wesentlich passender, meinten viele.

Bislang war es allerdings bei solchen Absichtserklärungen geblieben, sogar der Papst hatte eine Finanzierung des riesigen Baus dankend abgelehnt. Mittlerweile hatte sich das Blatt jedoch gewendet, die Gotik mit ihren floralen und der Natur entlehnten Formen war unter den Romantikern wieder hip und den national Gesinnten galt sie ohnehin als genuin deutsche Baukunst. Das stimmt allerdings nur, wenn man sich die gewaltigen Dome und Kathedralen Nordfrankreichs oder Englands wegdenkt. Aber genauso funktioniert Nationalismus eben.

Mit einem Preußen glaubte man jedenfalls einen passenden Bauleiter gefunden zu haben, denn kein Geringerer als Karl Friedrich Schinkel war an den Rhein beordert worden, um die Bedingungen für den Wiederaufbau zu prüfen. Unter dem preußischen König Friedrich Wilhelm IV. begann man schließlich, das ziemlich verwohnte Rheintal auf Vordermann zu bringen. Die kariösen Burgen entlang des Rheins wurden im neogotischen Stil wieder aufgebaut und ab 1842 wagte man sich sogar an den Kölner Dom. Dem Vorgänger Friedrich Wilhelm III. war dieses Unterfangen noch zu kostspielig erschienen, aber man einigte sich, dass die Hälfte der Kosten der preußische Staat übernehmen, die andere Hälfte aber vom neu gegründeten Zentral-Dombau-Verein eingesammelt werden sollte, der wahlweise an die katholische Frömmigkeit oder an das nationale Bewusstsein der rheinischen Bürger appellierte.

Am 15. Oktober 1880 wurde der Dom vollendet, die Feierlichkeiten gerieten zu einem nationalen Tschingderassabumm. Das Rheinland war im Siegestaumel von 1871 endgültig deutsch geworden.

Wir Rheinländer in Kommern

Das Rheinische Landesmuseum für Volkskunde in Kommern zeigt eine Ausstellung mit dem Titel »Wir Rheinländer« über Alltagsgeschichte des Rheinlandes von der Franzosenzeit bis in die 50er-Jahre des 20. Jahrhunderts. Auch ansonsten ist das Freilichtmuseum Kommern sehenswert. Auf 95 Hektar kann man 65 historische Gebäude wie Bauernhöfe, Wind- und Wassermühlen, Werkstätten, aber auch Gemeinschaftsbauten wie Schulhäuser oder einen Tanzsaal bewundern.

www.kommern.lvr.de

Romantiker, Revolutionäre und Touristen

Warum es am Rhein so schön ist

Ja, am Rhein ist es schön. Der Fluss plätschert beruhigend herum, obwohl es am Mittelrhein, etwa am Fuße der Loreley, sogar einige recht sportive Stromschnellen gibt. Vom Ufer aus erhebt sich die Landschaft in akzeptable Höhen, die man bequem zu Fuß erreichen kann. Wenn man oben ist, hat man eine schöne Aussicht, ist aber spätestens zum Abendessen wieder daheim. Es sind Schmuckberge, keine Gebirge, die da entlang des Mittelrheins stehen. Schmuckberge, die mit Wein oder Ausflugslokalen bepflanzt sind. Und auch das Siebengebirge ist eher ein Siebengehügel. Für Lawinen und Extremsport sind andere Landschaften zuständig.

Hinter Bonn öffnet sich das Land, der Niederrhein beginnt, das Tal wird eingefasst von den Hängen der Ville, die der Ebene einen netten Rahmen geben, aber genug Platz lassen, um dort Gemüse, Einkaufszentren und Möbelabholmärkte anzubauen.

Das Rheintal ist weder eine finstere Schlucht, in der an allen Seiten jähe Felswände dräuen, noch ein konturloser

Fladen, bei dem lediglich der Horizont etwas Orientierung bietet.

Es ist eine idealtypische, wohltemperierte Landschaft, wie geschaffen, sie en miniature für die Spielzeugeisenbahn nachzubauen. Das kann man langweilig finden. Ist es aber nicht. Das Nachbauen vermutlich schon, das Wohnen im Originalrheinland ist dagegen äußerst reizvoll. Anders als in den endlosen Weiten Norddeutschlands findet das Auge Abwechslung, ohne dass die Landschaft wie im alpinen Raum fortwährend bewunderungsheischend mit Bergmassiven auftrumpfen müsste.

Ja, es ist schön, stöhnt der Leser, schon gut, schon gut. Woanders ist's aber doch genauso schön.

Warum zum Teufel gibt es Hunderte Lieder (Karnevalslieder nicht mitgerechnet), die nichts als die meinethalben offensichtliche Schönheit des Rheintals preisen, während andere Landschaften von ebenfalls beträchtlicher Schönheit vollkommen unbesungen in der Gegend herumliegen müssen? Niedersachsen beispielsweise muss mit einem einzigen überregional bekannten Lied auskommen, dem dumpfdoofen »Niedersachsenlied«. Dabei ist es in Niedersachsen auch sehr schön oder zumindest sehr schön geräumig. Am vollgerümpelten Rhein dagegen wird jeder Hügel besungen. Wie kommt das?

Nun. Jetzt muss vor allem der Rheinländer sehr tapfer sein: Es hat weniger mit der schönen Landschaft an sich als mit reisenden Engländern, einer verspäteten Nation namens Deutschland, Napoleon, den Freiheitskriegen, den Dichtern der Romantik und einem Franzosenfresser namens Ernst Moritz Arndt zu tun. Die Sache ist also kompliziert.

Doch der Reihe nach.

Wie das Rheintal zur DomRep des ausgehenden 19. Jahrhunderts wurde

Die Schönfindung des Rheins ist wie so vieles keine Erfindung der Rheinländer. Wieso auch? Sie guckten ja seit Jahrhunderten jeden Tag auf diesen moddrigen, nur mühsam schiffbaren Fluss und frugen sich, wann der halb verfallene Turm da auf dem Hügel wohl endlich einstürzen würde. Für die Rheinländer des ausgehenden 18. Jahrhunderts bot sich ein Bild des Jammers, keine Idylle. Sie waren Bewohner eines Entwicklungslandes und sie wussten es: Alles war im Zustand allmählicher Verwahrlosung, nichts funktionierte mehr so richtig. Ändern konnte man aber nix, wegen Feudalismus oder Fatalismus, das ist im Rheinland nicht immer sauber zu unterscheiden.

Zwar waren die Rheinlande bei Weitem nicht die ärmste Region, aber auch hier hatten Dreißigjähriger Krieg, Pfälzischer Erbfolgekrieg und eine anachronistische politische Ordnung für einen der hinteren Ränge im europäischen Wirtschafts-Ranking gesorgt.

England dagegen blühte so richtig auf, während die Franzosen sich lieber mit Politik beschäftigten, weswegen das revolutionäre Frankreich als Reiseland besonders für den englischen Adel gerade so ein bisschen ausfiel.

Die Engländer reisten nämlich gern. Das tun sie immer noch, doch während sie heutzutage dabei lieber tätowiert und betrunken am Strand herumzuliegen scheinen, liefen sie damals mit Skizzenblock und Schreibheft herum und dokumentierten fleißig ihre Eindrücke. Der englische Maler William Turner besuchte von 1814 bis 1844 elfmal das Rheinland, ließ dabei kaum eine Burg unskizziert und lockte mit seinen stimmungsvoll dramatisierten Landschaftsstudien zahlreiche weitere seiner Landsleute an den Rhein.

Die »Grand Tours« führten die englischen Gentlemen meist nach Italien, das auch bei deutschen Bildungsbeflissenen wie einem hoffnungsvollen Nachwuchsdichter namens Goethe als Nonplusultra galt. Als ideale Reiseroute gen Mittelmeer erwies sich der Rhein, und der mauserte sich bald von einer reinen Durchgangsstation zum Hauptziel.

Die Engländer waren entzückt von der vergleichsweise urtümlichen Landschaft, lebten sie selber doch in einer Art Park mit wohlgestutztem Golfrasen, weil sie ihren Wald längst zu Schiffen umgebaut hatten. Außerdem hatte in England just die enorm profitable Industrialisierung eingesetzt, die optisch jedoch nicht gerade eine Bereicherung war. Im Schatten der Fabrikschlote wusste man eine unberührte Landschaft plötzlich umso mehr zu schätzen und konnte sich die Reise dahin sogar leisten. Jedenfalls wenn einem die Fabrik gehörte.

Begeistert bekraxelten die begüterten Touristen die nicht eben hohen Berge, die man auch ohne Bergführer besteigen konnte, und schauten wohlig erschauernd ins Tal.

Die unberührte Natur! Die unheimlichen Gemäuer! *How gothic* ist das denn! Die drolligen Ureinwohner mit ihren rückständigen Sitten! Eigentlich alles wie in Schottland, fanden sie, bloß ohne lästigen Dauerregen, und die Leute reagierten nicht so gereizt, wenn man sich als Engländer zu erkennen gab.

Den Rheinländern blieb die Anziehungskraft ihrer Region nicht lang verborgen, in einer kuriosen Mischung aus rückwärtsgewandter Landschaftsfolklore bei gleichzeitiger Bereitstellung modernster Infrastruktur erfanden sie den Massentourismus, sodass sich das Rheintal zur DomRep des 19. Jahrhunderts entwickelte, weil die Wirtschaft nun auch auf dem Kontinent anzog.

Auf den propagandistischen Stichen und Aquarellen der damaligen Zeit sucht man die Insignien der vordrängenden Moderne, die Dampfboote und Eisenbahnen, allerdings vergeblich, dort herrscht eitel Mittelalter, wie es der Kunde gern sehen wollte.

Doch bereits 1807 monierte Bettina von Arnim die lästigen Begleiterscheinungen des Tourismus: »... ich kann's doch nicht leiden, wenn sie (die Natur) so beschmutzt wird mit Papier und Wurstzipfel ...«

1816 fuhr das erste Dampfschiff den Rhein hinauf, 1828 beförderte die im Jahr zuvor gegründete »Preußisch-Rheinische Gesellschaft« bereits 33.000 Reisende von Köln bis Mainz, 1844 begann man mit dem Bau der Eisenbahnlinie, die bis heute stets parallel zum Fluss verläuft, und 1835 erschien der erste Reiseführer des Koblenzer Verlegers Karl Baedeker, die »Rheinreise von Mainz bis Cöln«, mit dem der wachsende Markt deutscher Touristen bedient werden sollte. Außerdem hatte die Landschaft des Rheintals mittlerweile auch eine politische Dimension bekommen.

Die Romantik der Wohngemeinschaft

Anfang des 19. Jahrhunderts hatte es eine Handvoll stilbewusster Bohemiens mit überschäumendem Temperament und ebensolchen literarischen Ambitionen nach Heidelberg verschlagen: Achim von Arnim, Clemens Brentano und Joseph Görres. Früher waren sie Sympathisanten der französischen Revolution gewesen, aber seit die unter Napoleon zu einer imperialen One-Man-Show geworden war, hatten sie sich einer anderen Beschäftigung zugewandt: der »Beleuchtung des vergessenen Mittelalters und seiner poetischen Meisterwerke« (Eichendorff). Besonders Görres wandelte sich vom glühenden Jakobiner und anfänglichem Napoleonverehrer zum katholischen Mystiker, dessen Mittelalterbegeisterung auch politische Folgen haben sollte. Erbittert würde er später jene laizistische Staatsauffassung bekämpfen, die er vorher so glühend vertreten hatte.

In den beiden Professoren Savigny und Creuzer hatten die Freunde in Heidelberg einflussreiche Freunde gefunden, die ihnen Jobs als Privatdozenten oder Hauslehrer zuschanzten. Achim und Clemens hausten zusammen in einer Wohngemeinschaft, wie sich ein befreundeter Student noch Jahrzehnte später begeistert erinnerte: »Sie bewohnten im ›Faulpelz‹, einer ehrbaren aber obskuren Kneipe am Schloßberg, einen großen, luftigen Saal ...« Joseph von Eichendorff hieß übrigens dieser befreundete Student, dessen Roman »Ahnung und Gegenwart« den Kult um die Burgen am Rhein, »den Strom vergangener Zeiten und unvergänglicher Begeisterung« so richtig anfachen sollte.

Die Freunde lasen einander empfindsame Gedichte vor, sangen Lieder von der Schönheit des Rheins, zogen um die Häuser und machten sich auf die Suche nach der Poesie des gemeinen Volkes. Alles Volkstümliche, Ursprüngliche und Verwunschene war nämlich gerade schwer angesagt: Die Romantik war ausgebrochen. »Alle wahrhaft schöpferische Poesie kann nur aus dem inneren Leben eines Volkes (...) hervorgehen«, hatte August Wilhelm Schlegel dekretiert, der mit seinem Bruder das Fachblatt für den geneigten Romantiker »Athenäum« herausgab.

Man hatte damals ein bisschen die Schnauze voll von der rationalen Gelehrsamkeit der Aufklärung, der bürgerlichen Wohlgeordnetheit der Klassik und kartografierte stattdessen mit Vorliebe die dunkleren Landschaften der eigenen Seele, der ewig rätselhaften Natur und der mythischen Vorzeit. Irgendwo dort sollte ein Zauberwort gefunden werden und alle Welt würde anheben zu singen.

1806 erschien »Des Knaben Wunderhorn«, eine Liedersammlung, die Brentano und Arnim während ihres

Aufenthaltes in Heidelberg und ihrer Reisen entlang des Rheins gesammelt hatten.

Ganz wie der schottische Lehrer James Macpherson, der seine eigenen Verse dem keltischen Helden Ossian in den Mund gelegt hatte, nahmen es die beiden Romantiker nicht so genau mit der Authentizität ihres Materials. Munter ergänzten sie Überliefertes mit Selbstverfasstem, worauf sie von ihrem Lieblingsfeind, dem Heidelberger Altphilologen Johann Heinrich Voß, nicht ganz zu Unrecht der Geschichtsklitterung bezichtigt wurden: »einen zusammengeschaufelten Wust voll mutwilliger Fälschungen«, nannte er das Werk. Mit dieser Meinung freilich stand er recht allein da, das »Wunderhorn« passte wunderbar in eine Zeit, in der sogar die Gründerväter der deutschen Philologie, Jacob und Wilhelm Grimm, die von ihnen gesammelten Märchen »bearbeiteten«, damit sie von Zoten, Derbheiten und erotischen Anspielungen gereinigt, ihrer sehr gebildeten Vorstellung eines idealisierten deutschen Volkes entsprachen. Die Romantiker focht das ohnehin nicht an, ihnen galt allein die Wahrheit der Fantasie.

Und dabei wäre es vielleicht auch geblieben, wenn nicht Napoleon das altersschwache Reich mit Krieg überzogen und durch seine Besatzung den Deutschen die kniffelige Frage aufgegeben hätte: Ja, Momentchen mal, wer sind wir denn?

Das war nämlich durchaus nicht klar. Das inhaltsleere Gebilde des Heiligen Römischen Reiches Deutscher Nationen hatte sich sang- und klanglos aus der Geschichte verabschiedet, die linke Rheinseite war französisch besetzt, die Staaten des Rheinbundes waren dem *empereur* zur Gefolgschaft verpflichtet und das deutsche Kraftzentrum Preußen nach der schmachvollen Niederlage 1806 zu einer Mittelmacht zurechtgestutzt.

In dieser Sinngebungslücke heizte sich die Romantik politisch auf. Aus der höchst individuellen Suche nach der blauen Blume der Innerlichkeit wurde eine kollektive »Arbeit am deutschen Identitätsbewußtsein« (Rüdiger Safranski). Aus der »deutschen Würde«, die Friedrich Schiller noch in der Kultur verortet hatte, wurde im schlimmsten Fall Ernst Moritz Arndts »heiliger Wahn in allen Herzen«, der nach den Waffen rief. »Der Gott, der Eisen wachsen ließ, wollte keine Knechte«, schrieb Arndt, dessen Patriotismus sich zu übler Raserei steigern sollte: »Ich will den Haß gegen die Franzosen, (...), ich will ihn für immer.«

Natürlich wurden die patriotischen Aufwallungen von offizieller Seite nach Kräften instrumentalisiert. War das Kriegführen im alten Preußen noch Aufgabe des Soldatenstandes, so wurde jetzt, im Zeichen schwindender militärischer Ressourcen, an die Opferbereitschaft jeden Bürgers appelliert. Im ebenfalls besetzten Spanien wurde der Guerillakrieg erfunden und auch im Nordosten Deutschlands eine Volkserhebung geplant, der preußische General Gneisenau versprach sich und dem Volk, »der stärksten Stütze der Macht des Regenten«, gar eine Verfassung, wenn es denn aufstünde, und sein König nickte eifrig, aber wenig begeistert.

Zahlreiche Romantiker folgten diesem Ruf und engagierten sich in den Freikorps, deren berühmtestes von Theodor Körner als »Lützows wilde verwegene Jagd« verherrlicht wurde.

Die militärische Schlagkraft der bewaffneten Gelehrten war dann aber doch eher begrenzt. Bettina von Arnim verlästerte sie gar als »seltsam anzusehen«: »Stelle Dir zum Beispiel Savigny vor, der (...) wie besessen mit einem langen Spieß über die Straße rennt, (...) der Philosoph Fichte mit einem eisernen Schild und langen Dolch (...)«

Nicht einmal ihr Mann fand Gnade bei der strengen Truppeninspekteurin: »bei Arnims Kompagnie fand sich jedesmal ein Trupp junger Frauenzimmer, die fanden, dass das Militärwesen ihm von vorn und hinten gut anstand.«

Aus den Sängern und Dichtern waren dennoch zumindest vorübergehend Krieger geworden, ihre Lieblingsthemen änderten sich jedoch nicht: die Burgen, der Rhein, die lieblichen Mägdelein.

Der Rhein war prädestiniert als Sehnsuchtsort der nationalbewegten Romantiker: An seinen Ufern war das ostfränkische zum deutschen Reich geworden. Es war das Kernland mittelalterlicher Reichsherrlichkeit, nach der sich manche von ihnen zurücksehnten.

Ihrer lyrischen Inspiration wurde entlang des Rheins ordentlich Futter gegeben, in den alten Städten lagen zuhauf unbesungene alte Gemäuer herum, in denen kühne Recken und holde Maiden ihr Unwesen getrieben hatten.

Schlussendlich war der Rhein in der Hand der Franzosen, die sich in den Augen vieler, die der Revolution von 1789 noch zugejubelt hatten, von Lichtbringern zu finsteren Despoten verwandelt hatten. Dass diese Franzosen jetzt auch noch die mittelalterlichen Festen niederrissen, die den Romantikern so am Herzen lagen, machte die Sache auch nicht besser.

Besonders Ernst Moritz Arndt war vollkommen aus dem Häuschen und steigerte sich in einen biologistischen Wahn wider alles Fremdblütige, der über die bloße Forderung nach einem Ende der napoleonischen Okkupation weit hinausgehen und keinesfalls mit dieser enden sollte.

»Teutschlands Strom, aber nicht Teutschlands Gränze«, postulierte er und ließ kaum einen Tag vergehen, ohne seinem Lieblingsfluss eine neue Ballade zu widmen, in der er mit viel vaterländischem Getöse »deutsche Herzen« auf »alte Schmerzen« reimte und aus des Flusses Wogen immer wieder die heldenkühne Germania erstehen ließ. Ab 1818 sollte er höchstpersönlich Wacht am Rhein halten, in einer hübschen klassizistischen Villa am Bonner

Rheinufer sorgte der frischgebackene Professor dafür, dass sich der Welsche nicht am Vaterland verging.

1814 wurde Napoleon vom teutschen Strom vertrieben und Metternich zum Architekten einer bleiernen Restauration, welche die politische Einigung Deutschlands bis auf Weiteres vertagte.

Aus den Trümmern der schwärmerisch-politischen Romantik mit ihrer Vorliebe für einen verklärten Volksbegriff und dessen viel beschworene Schicksalsgemeinschaft aber erhob sich bald ordinärer Nationalismus: »Ein Volk zu sein ist die Religion unserer Zeit«, hieß es bei Ernst Moritz Arndt, der dafür plädierte, »den germanischen Stamm so sehr als möglich von fremdartigen Bestandteilen rein zu erhalten«.

Von der Loreley zur Germania

In diesem Klima nahm auch das mythologische Personal entlang des Rheins eine immer martialischere Haltung ein. 1840, da erneut ein Krieg mit Frankreich drohte, brauste »ein Ruf wie Donnerhall« durch das Rheintal. Max Schneckenburger hatte das folgenreiche Lied von der »Wacht am Rhein« gedichtet:

Solang ein Tröpfchen Blut noch glüht
Noch eine Faust den Degen zieht,
Und noch ein Arm die Büchse spannt,
Betritt kein Welscher deinen Strand!

Aus romantischen Dichtungen von bittersüßer Weltflucht waren aggressive Kriegslieder geworden.

Sogar die verwunschene, aber trügerische Schönheit Loreley, die zuerst Brentano und 1824 auch Heinrich Heine besungen hatte, musste als grimmige Walküre herhalten.

Die schönste Jungfrau sitzet
Dort oben wunderbar,
Ihr goldnes Geschmeide blitzet,
Sie kämmt ihr goldnes Haar.

So heißt es bei Heine, dessen Loreley-Gedicht von Friedrich Silcher von 1838 in eine süffig-melancholische Melodie gekleidet wurde. 1870 ist die Melodie schon nicht mehr süffig zu nennen, sondern bloß noch besoffen. Ein gewisser Siegbert Meyer dichtete:

Die deutscheste Jungfrau sitzet
Auf hohem felsigen Stein
ihr leuchtender Harnisch blitzet
so hält sie die Wacht am Rhein.

In den 1840er-Jahren lag jedoch noch das uneingelöste Versprechen bürgerlicher Emanzipation in der Luft, noch wurde der große französische Traum von der Revolution oder zumindest der kleine deutsche Traum eines Verfassungsstaates geträumt. So dichtete Heinrich Heine:

Die Constituzion, die Freyheitsgesetze,
Sie sind uns versprochen, wir haben das Wort,
Und Königsworte, das sind Schätze
Wie tief im Rhein der Nibelungenhort.

Noch hielt der Trierer Karl Marx als Redakteur der »Rheinischen Zeitung« in Köln die Stellung, die bis zu ihrem endgültigen Verbot als Sprachrohr der linksdemokratischen Opposition diente.

Am 18. März 1848 kam es zu Unruhen und Straßenschlachten in Berlin, im Mai in Österreich und Baden, im Juni tagte der 1. Allgemeine Deutsche Arbeiterkongress. Neben politischen Forderungen wie der Pressefreiheit wurden immer mehr soziale Forderungen laut, das Bürgertum fürchtete eine Proletarisierung der Revolution.

Nach einer Welle der Auflehnung in fast allen deutschen Landen konstituierte sich 1848 in der Frankfurter Paulskirche das erste deutsche Parlament, das zu großen Teilen aus Juristen und Verwaltungsbeamten bestand. Es war eine vorsichtige Revolution, die dem preußischen König Friedrich Wilhelm IV. schließlich die Kaiserkrone anbot. Doch der wollte sie nicht.

Zwischen Reaktion und Revolution

Im verschlafenen Bonn war es ein lose befreundeter Kreis von Kleinstadtintellektuellen, die mehr oder minder absichtsvoll in den Sog der Revolution gerieten. 1840 hatten sie sich zum wenig revolutionären »Maikäferbund« zusammengeschlossen, um sich in trauter Runde »einen heitern und genussreichen Abend zu verschaffen, und den Theilnehmern Gelegenheit zu bieten, ihre Productionen der Kritik eines wohlwollenden kunstsinnigen Zirkels zu unterwerfen«. Dagegen hatte auch der reaktionärste Zensor nichts einzuwenden.

Man gab sich also putzige Namen – der Gründer des Zirkels, der Theologe Gottfried Kinkel, spielte den »Urmaikäfer«, seine spätere Frau Johanna Mockel gab die »Nachtigall« –, veranstaltete Dichterwettbewerbe und gab eine kleine Zeitschrift mit dem kecken Untertitel »Zeitschrift für Nichtphilister« heraus. Man gab sich mild antibürgerlich, freilich ohne die vielversprechenden akademischen Karrieren aufs Spiel zu setzen, die prominente Maikäfer wie Karl Simrock (Germanistik) oder Jacob Burckhardt (Geschichte) verfolgten.

1848 wurde Kinkel jedoch als demokratischer Abgeordneter in den preußischen Landtag nach Berlin gewählt, während seine Frau Johanna als politische Redakteurin der »Neuen Bonner Zeitung« im Rheinland die Stellung hielt. Im Gegensatz zu Marx, der die Arbeit Kinkels publizistisch begleitete, trat Kinkel für Reformen ein, an deren Ende die Gründung eines demokratisch verfassten Nationalstaates stehen sollte.

Daraus wurde aber nichts, 1849 wurde die Nationalversammlung aufgelöst und aus dem friedlichen »Urmaikäfer«, dem man »die heitere Ungebundenheit des Rheinländers« bescheinigt hatte, wurde notgedrungen ein Revolutionär und Freiheitskämpfer.

»Untergehen oder Durchschwimmen, Knute oder Freiheitsmütze, Bürgerkrieg oder Einheit«, schrieb der als Aufrührer recht unbegabte Schöngeist wacker, der in ruhigeren Zeiten lieber den »Frühlingswind vom Rhein« besungen hatte.

Es folgten dann umgehend Knute und Untergang. Kinkel beteiligte sich an der erfolglosen Erstürmung der Rüstkammer des Siegburger Zeughauses und nahm am badischen Aufstand bei Rastatt teil. Nach einer Verwundung geriet er in preußische Kriegsgefangenschaft, wurde von seinem Freund Carl Schurz aus der Zitadelle Spandau befreit und emigrierte mit ihm nach Amerika, wo er erfolglos versuchte, Geld für ein republikanisches Invasionsheer zu sammeln. Johanna Kinkel starb 1858 nach einem mutmaßlichen Selbstmordversuch, und Gottfried Kinkel emigrierte schließlich in die Schweiz.

Am 19. Mai 1849 verabschiedete sich die »Neue Rheinische Zeitung« von ihren Lesern in blutroten Lettern: »Wie warnen Euch schließlich vor jedem Putsch in Köln«, tat die Redaktion in dem Aufruf »An die Arbeiter Kölns« kund: »Nach der militärischen Lage wärt ihr rettungslos verloren.«

Die Revolution in Deutschland war vorbei, bevor sie richtig begonnen hatte.

Aus den idealistischen Romantikern aber wurden, sofern sie noch nicht zu nützlichen Idioten der Reaktion geworden waren, harmlose Biedermeier, die ihr literarisches Heil in der Idylle suchten, oder Gestrandete wie Heinrich Heine, der 1856 in Paris starb.

Aus der romantischen Lyrik, die das innerste Wesen der Landschaften zu ergründen suchte, wurden Sauflieder für Burschenschaften oder patriotisches Gebrüll für eine ähnliche Klientel.

Aus der Begeisterung der Rheinreisenden wurde Tourismus mit Vollpension und aus den rheinischen Hinterwäldlern wurden findige Unternehmer und Profis der Heimatverklärung.

Romantik gut zu Fuß

Unternehmungslustige können sich die Romantik des Rheintals über Feld, Wald und Weinberg auf dem Fernwanderweg »Rheinsteig« erwandern. Man folge einfach dem blau-weißen Symbol, mit dem dieser 320 Kilometer lange Wanderweg gekennzeichnet ist. Der Rheinstieg beginnt am Bonner Marktplatz, führt entlang der Burgenstrecke durch die beiden Weinbaugebiete Mittelrhein und Rheingau und endet in Wiesbaden am Schloss Biebrich. Erfahrene Wanderer rechnen mit 23 Tagesetappen.

Informationen unter www.rheinsteig.de

Wie es im Rheinland aussieht

Köln vs. Düsseldorf

Villariba und Villabajo am Rhein

Die legendäre Feindschaft zwischen den Städten Köln und Düsseldorf ist Folge eines Minderwertigkeitskomplexes der alten Domstadt, die in der Neuzeit vom Emporkömmling Düsseldorf in vielen Bereichen überflügelt wurde. Dass dieses vermaledeite Düsseldorf dann auch noch Landeshauptstadt des Bundeslandes NRW wurde, hat die Sache vermutlich nicht besser gemacht. Mittlerweile müsste die Angelegenheit aber eigentlich verjährt sein. Wir Bonner haben den Berlinern ja auch großmütig verziehen, dass sie uns die Regierung abgeluchst haben. Gut, wir haben uns das teuer bezahlen lassen, aber das steht auf einem anderen Blatt.

Die Köln-Düsseldorfer Fehde hingegen wird noch immer mit einer verbissenen Hingabe gepflegt, die über lokalpatriotische Folklore weit hinausgeht. Vor allem die Kölner werden nicht müde, die niederrheinische Metropole mit fiesesten Schmähungen zu bedenken, und der Düsseldorfer Kabarettist Dieter Nuhr berichtet gar, dass schon die Erwähnung des Ortsnamens das Kölner Publikum jedes Mal zu lautem Hohnlachen animiere.

Was also ist so schlimm an Düsseldorf?

Warum konstatiert sogar ein gebürtiger Sachse wie Heiner Müller: »Das Leben in Düsseldorf ist nicht lebenswert«? Wahrscheinlich waren bloß die Zigarren aus und der Dramatiker in Endzeitstimmung, aber auch als zugänglich geltende Naturen werden rabiat, wenn es um Düsseldorf geht. Der stets freundlich lächelnde Populärphilosoph und Autor Richard David Precht beantwortet diese vom »SZ-Magazin« gestellte Frage mit einem Hinweis auf die neureiche Attitüde der Düsseldorfer und den »enorm chauvinistischen Karneval«, der »viel schlimmer als in Köln« sei, »mit rechtsradikalem Humor« gar, wie der geborene Solinger beklagt.

Mit der rechtspopulistischen Bewegung »Pro Köln«, die mit dem Bau einer großen Moschee in Ehrenfeld auch aus dem sogenannten bürgerlichen Lager großen Zulauf bekam, verfügt man allerdings auch in Köln über eine stattliche Idiotentruppe, die weitgehend ohne Nachhilfe aus Düsseldorf auskommt.

Wahrscheinlich wird Köln so verbissen geliebt, weil man an den Zuständen in der Stadt immer wieder verzweifelt, während in Düsseldorf alles seinen geordneten Gang zu gehen scheint.

Die in Köln lebende Düsseldorfer Komikerin Cordula Stratmann hat dazu mal den salomonischen Satz gesagt: »Wenn ich in der Zeitung was über Köln lese, will ich hier weg. Wenn ich mir mein Leben hier angucke, dann will ich nur hier leben.«

Ich als neutraler Bonner möchte mich aus diesem ermüdenden Zwist heraushalten und überlasse die Entscheidung im großen Schwanzvergleich der beiden Städte gerne dem Leser.

Goldene Zeiten – Mittelalter vs. Neuzeit

Das »heilige Köln« hat seine goldenen Zeiten unzweifelhaft im Mittelalter erlebt, als die romanischen Kirchen wie Pilze aus dem Boden schossen und Köln zur größten Stadt nördlich der Alpen wurde, weswegen man aus Lust und Laune auch noch die Errichtung einer hochmodern gotischen Mammutkathedrale plante, die schon 700 Jahre später fertiggestellt werden sollte. Und zwar von den Preußen, aber das nur nebenbei.

Aber auch in den unfertigen Dom pilgerten massenhaft Besucher, um die wundertätigen Gebeine der Heiligen Drei Könige zu bestaunen, die Erzbischof Rainald von Dassel und Kaiser Barbarossa aus Mailand mitgebracht hatten. Kaum waren die sündhaft teuren Reliquien in Köln, begann man, eine hohe Mauer um die Stadt zu ziehen, schließlich wähnte man sich schlauer als die Norditaliener, die nach dem Besuch der Deutschen ihre Stadt komplett wiederaufbauen mussten.

Trotz der schicken Reliquien verloren die Kölner am Dombau bald die Lust, denn das Pilgergeschäft lief auch so wie geschmiert und der Rheinhandel florierte trotz der zahlreichen Zollburgen entlang des Rheins. In den folgenden Jahrhunderten beschränkte sich Köln deswegen darauf, den immer seltener werdenden Gästen die Gebeine der Märtyrer vorzuzeigen und ansonsten katholischer zu werden als der Papst. Bahnbrechende Neuerungen wie Reformation, Aufklärung oder Industrialisierung lehnte man in Köln entweder brüsk ab oder verschlief sie ganz einfach. Erst als im 19. Jahrhundert unter den Preußen die Stadtmauern geschliffen wurden, wurde die Domstadt mal wieder gründlich durchgelüftet.

In Düsseldorf ist die Sache weniger eindeutig. Aus bescheidenen Verhältnissen stammend, erlebte Düsseldorf über die Jahrhunderte mehrere Auf- und Abschwünge. Besonders gut stand die Stadt als Residenz der niederrheinischen Supermacht Jülich-Kleve-Berg und zur Zeit der Industrialisierung da, als Landeshauptstadt der Gegenwart geht es ihr freilich auch nicht schlecht, wie der ausgeglichene Haushalt beweist.

Düsseldorf wurde am 14. August 1288 von Graf Adolf von Berg zur Stadt erhoben, blieb aber weit bis ins 14. Jahrhundert ein unscheinbares niederrheinisches Fischerdorf auf einer hochwassersicheren Landzunge von etwa 3,8 Hektar, die im Westen vom Rhein, im Süden von der Düssel und im Norden durch einen Altrheinarm begrenzt wurde.

1371 erhielt Düsseldorf eine Gerichtsbarkeit und durfte einen eigenen Galgen errichten, was damals als schrecklich chic galt. 1373 wurde es bergische Zollstadt und wahrscheinlich 1377 Münzstätte, sodass um 1390 an den Bau einer repräsentativen Kirche im gotischen Stil gedacht werden konnte. Reliquien hatte man allemal selber: Mit eigener Hand hatte Herzog Wilhelm I. die Überreste des Düsseldorfer Stadtpatrons St. Apollinaris aus der Stadt Remagen geklaut, wobei der Herzog in der Eile aber den Kopf des Heiligen nicht gefunden hatte, den die Remagener separat auf Burg Landskron versteckt hatten. Interessanterweise stammen auch die Überreste des St. Apollinaris ursprünglich aus dem bewaffneten Raubüberfall, den Rainald von Dassel in Mailand verübt hatte.

Nach einer geschickt eingefädelten Heirat des Johann von Kleve mit Maria von Jülich, Berg und Ravensberg im Jahre 1510 konnte Düsseldorf die Synergieeffekte dieser Fusion für sich nutzen und stieg zur Residenzstadt des neuen Länderverbundes Jülich-Kleve-Berg auf, der nun am Niederrhein das Sagen hatte, bis er von Napoleon überrannt wurde.

Nachdem Düsseldorf recht unbeschadet durch die Wirren der Franzosenzeit gerauscht war, fiel es, wie der Rest des Rheinlandes, an den preußischen König, den die republikanisch gesinnten Bürger der Stadt anlässlich eines Besuchs im August des heißen Revolutionsjahrs 1848 vor lauter Begeisterung mit Pferdeäpfeln bewarfen.

Im Zuge der Industrialisierung ab 1850 verdoppelte sich die Bevölkerung und spätestens seit dem gewaltigen wirtschaftlichen Aufschwung der Gründerzeit galt Düsseldorf als »Schreibtisch des Ruhrgebiets«, als Stadt der Verwaltungen, Banken, Firmensitze und Versicherungen, wo junge Schnösel in gestärkten Hemden am Schreibtisch sitzen, während im Ruhrgebiet noch malocht wurde. Daran hat sich im Prinzip bis heute nichts geändert, wenn auch im Ruhrgebiet kaum nach industriell malocht wird und die Düsseldorfer Schnösel mittlerweile auch im T-Shirt zur Arbeit gehen dürfen, zumindest wenn sie in sogenannten Kreativberufen gelandet sind.

Wirtschaft – Modestadt vs. Medienstadt

Dass Düsseldorf als Modestadt gilt, hat es einerseits seiner finanzkräftigen Einwohnerschaft zu verdanken, die in den Edelboutiquen und Flagship-Stores auf der Königsallee jährlich den Staatshaushalt eines mittleren Entwicklungslandes verballert. Andererseits war die Landeshauptstadt lange Jahre Ausrichter der Modemesse »Collection Premiere Düsseldorf« (CPD), die 1949 ins Leben gerufen, in den goldenen Zeiten der Bundesrepublik zu Europas größter Modemesse wurde und heute in abgespeckter Form als »CPD Signatures« in nur mehr zwei Messehallen veranstaltet wird. »Düsseldorf als Modestadt ist in der Presse national und international ins Vergessen geraten«, gibt Wolfgang Hein vom Verein »Fashion Net« denn auch zu.

Allerdings verfügt Düsseldorf gegenüber dem wesentlich glamouröseren und extravaganteren Modestandort Berlin über erheblich mehr Kaufkraft. Es gilt: Geschaut wird in Berlin, gekauft jedoch in Düsseldorf.

Köln wurde dagegen spätestens seit dem Boom des Privatfernsehens zum wichtigen Medienstandort. Allerdings sitzt auch die Zentrale des WDR in Köln, der als größter Sender innerhalb der ARD etwa ein Viertel des Programmanteils produziert, zum Beispiel die bräsigen, aber notorisch beliebten Kölner »Tatorte« mit den Kommissaren Ballauf und Schenk, die stets beim gemeinsamen Pommesessen an einem fiktiven Büdchen im rechtsrheinischen Deutz ausklingen, damit der Fernsehzuschauer kurz vor Abspann noch einmal den Dom zu sehen bekommt.

Was das private Fernsehen an Gruseligkeiten aufzubieten hat, wird vor allem auf dem riesigen Studiogelände im ehemaligen Industrievorort Hürth produziert, der als Standort des »Big Brother«-Containers nationale Berühmtheit erlangt hat.

Zu den Hochzeiten des Seriengewerbes und Musikfernsehens war es fast unmöglich, durch die Kölner Ehrenstraße zu flanieren, ohne in eine drehbedingte Absperrung zu laufen oder von extrem jugendlich wirkenden Menschen blöd von der Seite anmoderiert zu werden. Mittlerweile ist die Kölner Endlosserie »Marienhof« jedoch abgesetzt und Viva zu einem Ableger des Senders MTV verkommen, der zuletzt nur noch als Abspielstation für plärrige Werbespots benutzt und schließlich als Bezahlfernsehen endgültig beerdigt wurde. Dennoch werden noch immer 30 Prozent aller deutschen Fernsehformate in der Domstadt zusammengebastelt. Ob Sie diesen Umstand jetzt für oder gegen die Stadt ins Feld führen, ist allein Ihre Sache.

Öffentliche Angelegenheiten – Verwaltung & Finanzen

Seit 2007 ist Düsseldorf neben Dresden als einzige deutsche Großstadt weitgehend schuldenfrei. »Unsere Stadthistoriker haben übrigens herausgefunden, dass wir zuletzt im Jahr 1540/41 schuldenfrei waren«, gab Oberbürgermeister Joachim Erwin (CDU) gegenüber dem »Manager Magazin« mächtig an, während man sich in Köln an einen solchen Zeitpunkt überhaupt nicht erinnern kann. Vermutlich weil es ihn nie gegeben hat. Die Stadt Düsseldorf spart jährlich etwa 100 Millionen Euro Zinsen, um sich davon zum Beispiel eine U-Bahn zu bauen, die nicht sofort wieder einstürzt. Der Kölner Haushalt weist für das Jahr 2010 dagegen ein Defizit von 267,5 Millionen Euro auf, was in Köln aber niemanden groß schert. Irgendwer wird irgendwann den Deckel schon bezahlen.

Im Städteranking des Hamburger Weltwirtschaftsinstitutes von 2010, in dem alle deutschen Großstädte »im Hinblick auf wirtschaftliche und demografische Dynamik, Bildung und Innovationsfähigkeit, Internationalität und die Erreichbarkeit europäischer Agglomerationen« analysiert wurden, liegt Düsseldorf denn auch hinter Frankfurt und München auf Platz drei. Darauf folgen aber sofort das notorisch klamme, WCCB-Skandalumwölkte Bonn (siehe Seite 150) auf Platz vier, während Köln, das mit seiner Müllverbrennungsanlage eines der bedeutendsten deutschen »Korruptionsdenkmäler« (Transpareny International) besitzt, immerhin den fünften Platz belegt. Es geht also auch ohne funktionierende öffentliche Verwaltung.

Damit stehen Sie vor einer schweren Entscheidung: Entweder Sie geben der börsennotierten Streberstadt Ihre Fleißkärtchen oder Sie geben der seit Urzeiten dahinwurschtelnden Vetternwirtschaft Köln den Vorzug.

Wahrzeichen – Dom vs. Lambertuskirche

Natürlich ist das ein bisschen unfair. Der Kölner Dom ist die Luxuskarosse unter den deutschen Kirchen, während die Düsseldorfer Hauptkirche St. Lambertus eher als gehobener Mittelklassewagen gelten dürfte. Ich gebe allerdings zu bedenken, dass die Düsseldorfer ihre Lambertuskirche in nur 100 Jahren ohne fremde Hilfe aufbauten, während die Kölner ... Aber das wissen Sie ja schon. Spielen wir also kurz Autoquartett mit den beiden Kirchen:

Kölner Dom

* **Patron**: Petrus und Maria
* **Typ**: Kathedrale mit Weltkulturerbe-Prädikat
* **Bauzeit**: 1248–1880
* **Turmhöhe**: 157,38 m (Nordturm, der Südturm ist 7 cm kürzer)
* **Länge**: 144,58 m
* **Unterhaltungskosten**: 6–7 Mio. Euro im Jahr
* **Plätze**: 4.000, davon 2.800 Steh- und 1.200 Sitzplätze
* **Besucher**: 2–3 Mio. im Jahr
* **Fun-Fact**: 2004 landete der Dom mit einigen »Ruinenstädten in Albanien und Afghanistan« (»Kölner Stadt-Anzeiger«) auf der Roten Liste der UNESCO. Wegen »Gefährdung der visuellen Integrität des Doms und der einzigartigen Kölner Stadtsilhouette durch die Hochhausplanungen« nahm die Organi-

sation den Dom in ihre Liste des gefährdeten Welterbes auf. Inzwischen wurde er jedoch wieder von der Liste gestrichen, da die Stadt Köln den Forderungen des Welterbekomitees weitgehend nachgekommen sei.

Lambertuskirche

* **Patron:** Lambertus
* **Typ:** gotische Hallenkirche
* **Bauzeit:** 1288–1394 (Weihejahr)
* **Turmhöhe:** 72 m (Westturm)
* **Länge:** 42 m
* **Unterhaltungskosten:** nicht ermittelbar
* **Plätze:** 250 Sitzplätze, kann auf circa 800 aufgestockt werden
* **Besucher:** Den Gottesdienst an Sonntagen besuchen nach Angaben der Gemeinde im Schnitt etwa 550 Personen.
* **Fun-Fact:** 1815 wurde der Turm der Kirche vom Blitz getroffen. Gerettet hat die Lambertuskirche nur das Eingreifen des Schlossermeisters Josef Wimmer, der im Sonntagsstaat auf den Turm kletterte, um die brennenden Balken abzuhauen. In der Schatzkammer kann man deswegen seinen angesengten Zylinder besichtigen. Weil man beim Wiederaufbau allerdings zu frisches Holz benutzte, das sich mit der Zeit verzog, sitzt die Turmhaube etwas schief.

Getränke – Kölsch vs. Alt

Sowohl Alt als auch Kölsch gehören zu den obergärigen Bieren, während Pils und Export zu den untergärigen zählen. Bei obergärigen Bieren setzt sich die Hefe nach dem Gärungsprozess an der Oberfläche ab. Diese Biere vergären schneller, sind dafür aber nicht so haltbar wie untergärige, die bei einer Raumtemperatur von vier bis neun Grad gebraut werden. Wegen des milden Klimas (und der strengen Zunftbestimmungen mittelalterlicher Städte) sind die obergärigen Biere vor allem im Rheinland heimisch und gehören zu den älteren bekannten Biersorten, wenn die Bezeichnung »Kölsch« auch eine Erfindung des ausgehenden 19. Jahrhunderts ist.

Im äußerst lesenswerten, aber leider vergriffenen Bierlexikon (Reclam, Leipzig) beschreiben Jürgen Roth und Michael Rudolf das Altbier folgendermaßen: »Neben der Farbe typisch für das A. sind ein stark malziger Körper, eine ausgeprägte Hopfenbittere und eine unaufdringliche Fruchtigkeit.« Das Kölsch dagegen punktet laut Roth und Rudolf »mit gut merklicher Hopfennote«, ist dabei »kaum bitter, zeigt einen feinen, gut haltbaren Schaum her und kann durch mäßigen Kohlensäuregehalt, seinen weichen Geschmack, eine kompakte Malzkomposition und ein leicht trockenes Finish gefallen«. Beide Biere sollten frisch gezapft in einer Stange serviert werden, die 0,2 Liter fasst. Die Flaschenhaltung hingegen gilt für beide Biere als nicht artgerecht.

Kölsch kann man mit Cola zu einem untrinkbaren Gesöff verderben, das geschmacklich wie optisch an eine Ölpest erinnert, während Altbier mittels Zugabe von matschigen Himbeeren zu einer Altbierbowle verkorkst werden kann.

Um beide Biere wird ein wahnsinniges Geschiss gemacht, wenngleich sich die kölsche Fraktion wie immer eine Spur lauter und hysterischer geriert. Gegner wie Befürworter beharken sich jedenfalls, als gelte es eine Weltanschauung und kein alkoholhaltiges Erfrischungsgetränk zu verteidigen.

Sie haben also die Wahl: Entweder schließen Sie sich einem der verfeindeten Lager an oder Sie nehmen einfach ein schönes, gepflegtes Pils.

Brauereien (Auswahl)

Alt

* **Hausbrauerei Zum Schlüssel**
  Bolkerstraße 41–47, Düsseldorf
  www.zumschluessel.de
  Seit 1850 in der Düsseldorfer Altstadt.

* **Uerige, Obergärige Hausbrauerei**
  Berger Straße 1, Düsseldorf, www.uerige.de
  Die Traditionsbrauerei am Rhein brennt jetzt sogar einen eigenen Whisky.

* **Gatz Brauhaus**
  Belsenplatz 2, Düsseldorf, Brauereiausschank im ehemaligen Oberkasseler Bahnhof.

* **Düsseldorfer Privatbrauerei Frankenheim**
  Wielandstraße 12, Düsseldorf,
  www.frankenheim.de
  Das Altbier mit dem Falkenemblem gibt's jetzt auch mit Grapefruitgeschmack. Warum auch immer.

* **Schlösser Quartier Bohème**
  Ratinger Straße 25, Düsseldorf,
  www.quartierboheme.com
  Der altgediente Brauereiausschank heißt bei Schlösser mittlerweile »Schlösser Quartier

Bohème« und hat in einer »supercoolen Location« (Eigenwerbung) stattzufinden.

Kölsch

* **Hellers Brauhaus**
Roonstraße 33, Köln, www.hellers-brauhaus.de
Ökologisch gebraut und in der hübschen Bügelflasche serviert. Sogar in der Flasche ein gutes Bier, findet der Autor.

* **Sünner Keller & Biergarten**
Kalker Hauptstraße 260–262, Köln-Kalk
www.suenner-brauerei.de
Auch rechtsrheinisch gibt's Kölsch.

* **Cölner Hofbräu P. Josef Früh**
Am Hof 12–18, Köln, www.frueh.de
Der kölsche Lokalmatador serviert auf drei Etagen direkt am Dom.

Jottwede

* **Brauhaus am Ennert**
Sehr lokale obergärige Biere in den Sorten Helles, Schwarzbier und Weizen gibt's im kleinen Brauhaus am Ennert, An den Hecken 1, Bonn-Beuel Pützchen, www.brauhausamennert.de

Sport – FC. Köln vs. Fortuna Düsseldorf

Der Fußballverein Fortuna Düsseldorf wurde gegründet als »Turnverein Flingern 1895«, in dem sich zwirbelbärtige Herren im geringelten Leibchen zunächst nach dem Vorbild des Turnvaters Jahn ganz allgemein der Köperertüchtigung widmeten. Erst 1911 wurde er zum »Fußballklub Alemania 1911«, da die Anhänger des englischen Rasenspiels mittlerweile in der Mehrheit waren.

1933 wurde die Fortuna zum ersten und einzigen Mal Deutscher Meister. Ausgerechnet in Köln besiegte der Club den favorisierten FC Schalke 04 mit 3:0, 1966 konnte der Verein in die drei Jahre zuvor gegründete Bundesliga aufsteigen, in der er sich zumindest von 1971 bis 1987 konstant halten sollte. Im Europapokalfinale 1979 unterlag die Fortuna mit einem knappen 3:4 dem FC Barcelona. Nach Jahren zwischen Bundes- und Regionalliga erfolgte 2002 der Absturz in die viertklassige Oberliga Nordrhein. Seit 2009 ist man jedoch zurück in der Zweiten Liga.

Hervorgegangen ist der 1. FC Köln 1948 aus der Fusion des eher bürgerlichen »Kölner Ballspiel-Club (KBC) 01« und der »Spielvereinigung Sülz 07«, die als Arbeiterclub galt.

Von auswärtigen Gästen wird der Verein gern mit dem Sprechchor »Ihr seid nur ein Karnevalsverein« empfangen, gesungen übrigens zur Melodie von »Yellow Submarine«. Das ist zwar prinzipiell richtig, unterschlägt aber, dass jeder Kölner Verein gleichzeitig Karnevalsverein sein muss, um in der Stadt überhaupt ernst genommen zu werden. Da ist der FC keine Ausnahme, zumal sich mit elf Spielern prima ein Elferrat bilden lässt. Trotzdem wird beim FC durchaus auch Fußball gespielt, meist sogar in der Ersten Bundesliga. Insgesamt ist die Annahme aber zulässig, dass der für seine laxe Disziplin berühmte Club sich in bester kölscher Tradition am liebsten mit sich selbst beschäftigt.

So viel zum Fußball, kommen wir nun zu etwas wesentlich Interessanterem.

Legendäre Kneipen – Ratinger Hof vs. Chlodwig Eck

Als die die heutige Kunstmanagerin Carmen Knoebel den Ratinger Hof in der Düsseldorfer Altstadt Anfang der 1970er übernahm, war er noch ein Hippieladen »mit Teppichen auf den Tischen und jointgeschwängerter Luft«, in dem sich Beuys-Schüler mit billigem Rotwein betranken oder zu hochkulturellen »Sonntagsgesprächen« geladen wurde. Als jedoch der Punk aus England herüberschwappte und der Lärm aus den Probekellern unter dem Ratinger Hof derber wurde, sollte sich das schlagartig ändern. Der »Hof« wurde zu einer der wichtigsten und ausgelassensten Spielwiese der deutschen Punkszene und zum Stammlokal von Bands wie DAF, Male oder den grandiosen Fehlfarben. Aber auch Die Toten Hosen spielten dort ihr erstes Konzert.

An »eine Kneipe, die aussieht wie eine Bahnhofshalle mit Spiegeln und Neonlampen« erinnert sich Thomas Schwebel, Gitarrist der Bands S.Y.P.H. und Fehlfarben, im Doku-Roman »Verschwende Deine Jugend«. Andere, wie Mike Hentz, erinnern sich eher an einen »Drecksladen«, was aber auch daran gelegen haben mochte, dass Hentz anlässlich eines Auftritts seiner Band »Minus Delta t« mit Fischeingeweiden herumgeworfen hat. Reaktion der Inhaberin Knoebel: »Ich fing an auf die einzuschimpfen, dass sie mich total langweilen. (...) Ich fand das eine derartig schlappe Nummer.«

Um den Titel »Wiege des Punkrocks« kann Köln mit Düsseldorf nicht konkurrieren. In Ehren ergraute Kaschemmen von zumindest lokal popkultureller Bedeutsamkeit gibt es aber auch Köln, besonders in der Südstadt, in der sich in den späten 70ern eine Art mundartliche Gegenrevolte formierte, deren Protagonisten wie Wolfgang

Niedecken und Jürgen Becker mittlerweile aus dem kulturellen Leben der Stadt kaum noch wegzudenken sind. Auch wenn man das manchmal gern würde.

Zum einen ist da das Chlodwig Eck zu nennen, das früher Clemens Böll, dem Neffen von Heinrich Böll, gehörte und von dem es bei Bap heißt: »*Vüür paar Woche, nit lang her, jedenfalls do spillte mir en dä Kneip, wo mir sons och sinn.*«

Auch Gerd Köster, Sänger der Schroeder Roadshow und späterer Tom-Waits-Interpret *op Kölsch*, betätigte sich als Wirt, doch hat sein »Out« die Pforten längst geschlossen, während Kösters Thekenkraft und Cousine Gaby Köster längst gen Fernsehen weitergezogen ist.

Im »Spielplatz« am Ubierring, unweit der Kölner Fachhochschule, wurde 1984 schließlich die »Stunksitzung« gegründet, eine mittlerweile etwas patinierte Alternative zum Sitzungskarneval, als deren erster Präsident ein Student der Sozialarbeit mit dem Kampfnamen »Irokesen-Heinz« firmieren sollte. Mittlerweile tritt »Irokesen-Heinz« mit anderer Frisur als Kabarettist Jürgen Becker auf.

Ich möchte Ihnen ja wirklich nicht reinreden, aber wenn Sie nicht umgehend alle verfügbaren Punkte an den Ratinger Hof vergeben, dürfen Sie nicht weiterlesen. Vielen Dank.

6 schöne Läden mit lauter Musik, in denen man notfalls auch mal länger bleiben kann

* **Pretty Vacant**
  Indie-Club in der Düsseldorfer Altstadt. Konzerte, Partys, Poetry-Slam
  Mertensgasse 8
  www.prettyvacant.de

* **Sonic Ballroom**
  Klares Profil: Punkrock, Punkrock und Punkrock
  Oskar-Jäger-Straße 190, Köln-Ehrenfeld
  www.sonic-ballroom.de

* **Tresor**
  Heavy-Metal in Bonn
  Wolfstraße 11, Bonn-Altstadt
  www.tresor-bonn.de

* **Low Budget**
  Punkrock, Indie, Obskures im Belgischen Viertel (Köln), Tequila vom Fass
  Aachener Straße 47, Köln
  www.lowbud.de

* **Durst**
  Schnaps, Rockenroll und angelegentlich Countrymusik am Eigelstein
  Weidengasse 87, Köln

* **[Q] Stall**
  Soul, Beat und Rockabilly in der DJ-Bar
  Kurze Straße 3, Düsseldorf
  http://qstall-bar.de

Gurus – Joseph Beuys vs. Karlheinz Stockhausen

Düsseldorf schickt den begnadeten Mythenmetz, Schamanen- und Selbstdarsteller Joseph Beuys ins Rennen, der durch Studium, spätere Lehrtätigkeit und vor allem durch das spektakuläre Ende dieser Tätigkeit an der Kunstakademie Düsseldorf untrennbar mit der Landeshauptstadt verbunden ist. Der im niederrheinischen Kleve aufgewachsene Beuys wurde als junger Pilot im Zweiten Weltkrieg über der Krim abgeschossen und behauptete, dort von Nomaden gerettet worden zu sein, die den Verwundeten in Fett und Filz hüllten, wenn auch eher aus medizinischen Gründen denn als »soziale Skulptur«. Biografen melden allerdings Zweifel an dieser Geschichte an und machen lieber einen Suchtrupp der Wehrmacht für die Rettung des jungen Fliegers verantwortlich. Die heftige Liebe des Künstlers zu den Materialien Fett und Filz wird allerdings von niemandem bestritten.

Der künstlerische Alchemist hantierte ebenso irrwitzig wie wirkungsvoll mit spirituell aufgeladenen Symbolen, die er in selbst gebastelten Reliquien oder Ritualen zu neuem Leben erweckte: entweder ironisch-naiv in seiner Performance »wie man dem toten Hasen die Bilder erklärt« (1965) oder mit einer fetten Portion Pathos in der Installation »zeige deine Wunde« (1974–1975), die Christoph Schlingensief kurz vor seinem Tod in seiner »Kirche der Angst« zitierte.

An der Kunstakademie nahm der als hingebungsvoll geltende Lehrer gemäß seiner Devise »Jeder ist ein Künstler« alle abgelehnten Studenten in seiner Klasse auf, bis Ministerpräsident Rau dem ungehörigen, weil verwaltungstechnisch unzulässigen Treiben ein Ende bereitete, woraufhin Beuys eine Freie Universität gründete, die bis zu seinem Tod bestand.

Der Propagandist des erweiterten Kunstbegriffs sah sich als politischer Künstler und trat deswegen 1982 in der Musiksendung »Bananas« auf, wo er mit stoischer Miene und begleitet von friedensbewegten Musikern von Bap und Wolf Maahn den Agit-Prop-Chanson »Sonne statt Reagan« ins Mikro trällerte und damit bewies, »dass die Würde des

Menschen in seiner Souveränität liegt« (Beuys), auch einmal einen total gut gemeinten Scheißdreck zu veranstalten.

Köln kann dagegen mit dem ebenso charismatischen wie erratischen Komponisten Karlheinz Stockhausen aufwarten, der als Wegbereiter aller elektronischer Musik von Techno bis Klingelton gilt, ohne dass man ihn freilich persönlich dafür haftbar machen sollte, denn auch der Bau der Atombombe basiert ja letzten Endes auf der Relativitätstheorie des Pazifisten Albert Einstein.

Im Kölner Studio für elektronische Musik experimentierte Stockhausen, unterstützt von dem Musiktheoretiker Herbert Eimert, von 1962 bis 1990 mit allem herum, was irgendwie elektronisch fiepte, summte und knörgelte. Begeistert von den Möglichkeiten künstlicher Klangerzeugung im Sinusgenerator suchte er nach neuen musikalischen Strukturelementen, die sich eher mathematisch als durch bloßes Anhören erschließen lassen. So klingen seine Kompositionen allerdings auch, weswegen er bis heute weder im Formatradio noch im Karneval eine ernst zu nehmende Rolle spielt.

Dass sich Stockhausens Vorliebe für die kühle Abstraktion der seriellen Musik aus einem Überdruss am Karnevalslied entwickelt hat, sollte von der Musikwissenschaft wirklich dringend untersucht werden, zumal längst bekannt ist, dass Stockhausen sein Studium an der Musikhochschule Köln ab 1947 als Musiker im Sitzungskarneval finanzierte. Trotz der Technizität seiner Klangerzeugung verstand sich Stockhausen als spiritueller Komponist. »Musik fliegt, weil ich fliege«, bekannte der »Mad Scientist« der Neuen Musik in bester Hippiemanier. Seinen zahlreichen Bewunderern gab der 2007 verstorbene Säulenheilige aller musikalischen Knöpfchendreher denn auch folgenden Ratschlag auf den Weg: »Im Jenseits geht's erst richtig los: furchtlos weiter!«

Theater – Köm(m)ödchen vs. Millowitsch-Theater

Die Millowitschens sind schon ganz schön lange dabei. 1792 tauchte erstmals ein windiger Geselle dieses Namens in Köln auf, der mit Briketts handelte und nebenbei Puppentheater spielte. Sohn Franz Andreas professionalisierte das Gewerbe und postierte sich mit den Puppen an der Deutzer Brücke. Die war damals nämlich eine Zugbrücke, garantierte lange Wartezeiten und damit gute Einnahmen, von denen wiederum dessen Sohn Josef Caspar profitierte, der ein festes Haus als Spielstätte erwerben und die Show als »Hänneschenpuppentheater« etablieren sollte.

Wilhelm Josef Millowitsch, der das Haus durch die Wilhelminische Zeit führte, erweiterte das Angebot um Schauspieler aus Fleisch und Blut und machte Furore mit zeitgeistigen Unterhaltungsstücken, etwa einer Bühnenadaption von Jules Vernes Roman »In 80 Tagen um die Welt«. Nach Wilhelm Josefs Tod übernahm Frau Emma das Gewerbe, die bis dahin vor allem auf der Bühne zu sehen gewesen war. 1940 übergab deren Spross Peter Wilhelm die Stafette an seine Kinder Lucy und Willy, die an der Front zur Truppenbelustigung eingesetzt wurden, während die Kölner Spielstätte ausgebombt wurde. Aber schon am 16. September 1945 nahm man im Coloniahaus an der Aachener Straße den Betrieb wieder auf, Oberbürgermeister Adenauer hatte den Wiederaufbau großzügig unterstützt. Unter dem Patriarchen Willy florierte das Haus. Als Intendant, Regisseur und Hauptdarsteller brachte er das Haus mit volksnahen Schwänken wie dem »Etappenhasen« ins Fernsehen. In Köln ist er deswegen heilig gesprochen worden und wird als Gottheit verehrt.

Seit 1996 wird das Haus von Gottsohn Peter Millowitsch geleitet, der es in gewohnter Volkstümlichkeit weiterführt. Hauptsächlich Boulevardstücke für altere

Herrschaften mit einer Schwäche für leicht zotige Titel wie »Wenn im Puff dat Licht ausjeht« oder »Bauer braucht Sau« stehen auf den Programm.

Das Düsseldorfer Kom(m)ödchen ist zwar auch ein Familienunternehmen, aber eine ehrwürdige Weihestätte des bildungsbürgerlichen Nachkriegskabaretts, wie man schon am geistreichen Wortspiel im Namen erkennen soll.

Es wurde 1947 von Kay und Lore Lorentz gegründet, wird heute von deren Sohn Kay S. Lorentz geführt und hält kühn die Fahne des politischen Ensemble-Kabaretts hoch, in dem »denen da oben« mal ordentlich der Marsch geblasen wird. Das mag man wahlweise altbacken oder systemstabilisierend nennen, aber wenn die Alternative wie Mario Barths entfesselter Spießbürgerhumor aussieht, wünscht man sich den lehrerhaften Duktus des Zeigefinger-Kabarettisten beinahe zurück.

Noch immer gilt das Kom(m)ödchen als Kaderschmiede des gehobenen Humors: Kapitale Platzhirsche deutschen Humors wie Thomas Freitag, Harald Schmidt, Volker Pispers oder Michael Quast haben sich als Kabarettkitze in den verschiedenen Ensembles die Hörner abgestoßen.

Mittlerweile liegt das plüschige Theater in der Düsseldorfer Altstadt am Kay-und-Lore-Lorentz-Platz, den man den beiden Kabarettisten seligen Angedenkens verehrte. Heinrich Heine musste seinerzeit deutlich länger warten, bis die Stadt irgendetwas nach ihm benannte.

Off- und Privattheater

Neben den städtischen Bühnen hat sich nicht nur in den beiden Großstädten eine lebendige freie Theaterszene zwischen Comedy und Tanztheater etabliert, die häufig am Rande der Selbstausbeutung zu inszenieren gezwungen ist. Hier eine zugegeben subjektive Auswahl:

* **Arkadas Theater – Bühne der Kulturen**
  Platenstraße 32, Köln
  www.buehnederkulturen.de
  Tanz, Jugendtheater und vor allem fremdsprachige Produktionen

* **Theater Klüngelpütz**
  Gertrudenstraße 24–28, Köln
  www.kluengelpuetz.de
  Einzige Kölner Kabarettbühne mit regelmäßigen Eigenproduktionen, Comedy, Kabarett und Lesebühne

* **Wohnzimmertheater**
  Probsteigasse 21, Köln
  www.wohnzimmertheater.de
  Kleinkunst, Comedy und Lesebühne

* **Senftöpfchen-Theater**
  Große Neugasse 2–4, Köln
  www.senftoepfchen-theater.de
  Kabarett und Revue, Chanson-Abende und kölsche Tön

* **Theater im Bauturm – Freies Schauspiel Köln**
  Aachener Straße 24–26, Köln
  www.theater-im-bauturm.de
  Literarisch ambitioniertes, zeitgenössisches Theater

* **Theater im Ballsaal**
  Frongasse 9, Bonn
  www.theater-im-ballsaal.de
  Sprechtheater, moderner Tanz und Musik

* **Euro Theater Central**
  Münsterplatz-Dreieck, Bonn
  www.eurotheater.de
  Repertoiretheater mit fremdsprachigen Gastspielen

* **Theater Flingern**
  Ackerstraße 144, Düsseldorf
  www.theaterflin.de
  Comedy und Kabarett, Kindertheater

* **Theaterfabrik Düsseldorf**
  Luisenstraße 120, Düsseldorf
  www.theaterfabrik.org
  Privates Wohnzimmer-Loft-Theater

* **Zakk**
  Zentrum für Aktion, Kultur und Kommunikation
  Fichtenstraße 40, Düsseldorf
  www.zakk.de
  Partys, Poetry-Slams, Konzerte und Lesungen auf zwei Bühnen

* **Tanzhaus NRW**
  Erkrather Straße 30, Düsseldorf
  www.tanzhaus-nrw.de
  Zeitgenössischer Tanz in einem ehemaligen Straßenbahndepot: Workshops, Gastspiele, Eigenproduktionen

* **Forum Freies Theater**
Unkonventionelles Theater, Performances und Partys in zwei Häusern
Kammerspiele
Jahnstraße 3, Düsseldorf
Juta (Junges Theater in der Altstadt)
Kasernenstraße 6, Düsseldorf
www.forum-freies-theater.de

Peinliche Persönlichkeiten – Marius Müller-Westernhagen vs. Wolfgang Niedecken

Wenn sich jemand mit ausgebreiteten Armen vor Tausende von Menschen stellt und mit einer Stimme, die verdächtig nach einer Menge auf Lunge gerauchter Zigarillos und einer täglichen Dosis Racke Rauchzart klingt, fortwährend »Freiheit, Freihahahahaheit« ins Mikro pölkt, kann man getrost davon ausgehen, dass sich hier ein ausgewachsener Messias-Komplex manifestiert, der nicht gerade kuriert wird, wenn man dem Sänger auch noch das Bundesverdienstkreuz an die schmale Brust heftet. Genau diese Ehre ist jedoch dem Düsseldorfer Sänger und Schauspieler Marius Müller-Westernhagen zuteil geworden, da er sich »neben seinen künstlerischen Verdiensten« angeblich auch durch sein »kompromissloses Bekenntnis zu gesellschaftspolitischer Verantwortung« ausgezeichnet hat. Die künstlerischen Verdienste Westernhagens dürften in der Tat nicht unbeträchtlich sein, immerhin hat sich sein Album »Mit Pfefferminz bin ich dein Prinz« über eine Trillion mal verkauft, während sich sein politisches Engagement weitgehend darin beschränkt, in Talkshows herumzulungern, das faltiger werdende Antlitz nebst brandneuem Tonträger in die Kamera zu halten und sich zwischendurch aufs Schärfste vom Nationalsozialismus und seinen Nachfolgern zu distanzieren. Ja, was denn auch sonst? Diese Einsicht gehört doch zur Grundausstattung jedes halbwegs anständigen Menschen und ist eigentlich keiner besonderen Erwähnung wert, wird aber immer dann herangezogen, wenn populäre Unterhaltungskünstler wegen ihres kommerziellen Erfolges geadelt werden sollen, damit für die beteiligten Politiker schöne Bilder in bunten Blättern rausspringen.

Unter der Regentschaft Gerhard Schröders nahm das Popstar-Adeln derart epidemische Züge an, dass er sogar seinen Tennispartner Klaus Meine von den Scorpions wegen seiner formidablen Rückhand zum Ritter schlug und fürderhin am Tisch mitessen ließ. Aber das nur nebenbei.

Aus dem zähledrigen Rocker Westernhagen, der wirklich ein passabler Schauspieler hätte werden können, ist mittlerweile ein Elder Statesman geworden, der ebenso gelangweilt wie routiniert seinen Altherrenrock absondert, wie er zu jedem beliebigen Thema vor laufenden Mikrofonen Stellung nimmt.

Die Peinlichkeit Wolfgang Niedeckens ist deutlich kleinkalibriger und geht auch räumlich seit einigen Jahren dankenswerterweise kaum mehr über die Kölner Südstadt hinaus. Ein Verdienstkreuz hat aber auch er bekommen, da er sich vom Südstadt-Dylan zum Südstadt-Bono gewandelt hat und mit seiner Afrika-Sammelbüchse eifrigst Charity betreibt.

Außerdem lässt er sich vom Autoersatzhersteller Skoda die neue Tour sponsern, was aber vermutlich auch als humanitäres Engagement durchgeht, während Müller-Westernhagen sich lieber gleich für die »Bild«-Zeitung einspannen lässt, die er im Video-Testimonial zum »demokratisch gewählten Medium« erklärt.

Ach, im Grunde genommen ist Niedecken dagegen echt *ne leeve Jung*. Er meint das ja alles ganz ernst und schaut einen aus seinen traurigen Sozialkundelehreraugen so traurig an, dass man ihm sofort recht geben muss: Ja, gegen Nazis muss man was machen und in Afrika auch.

Ich glaube trotzdem nicht, dass alternde Popstars die Welt retten werden, indem sie mit Politikern bei Sektempfängen herumhängen oder Benefizkonzerte geben. Aber das ist bloß eine Privatmeinung. Allerdings gibt es mindestens drei musikalische gute Gründe, dem ollen Niedecken einiges durchgehen zu lassen: Sie heißen »*Do kanns zaubre*«, »*Nit für Kooche*« und »*Ne schöne Jrooß*«. Wer solche Songs geschrieben hat, darf danach auch ein bisschen scheiße sein.

Literatur – Heinrich Böll vs. Heinrich Heine

Ich gebe zu, es ist wahnsinnig unfair, ausgerechnet eine Ausnahmegestalt wie Heinrich Heine auf den armen Böll zu hetzen, der ein ehrbarer, mittlerweile gern unterschätzter Romancier war, dessen »Ansichten eines Clowns« man ruhig mal wieder lesen sollte. Aber immerhin haben wir auch den Kölner Dom mit der Lambertuskirche verglichen. Spielen wir also wieder Autoquartett mit den beiden Heinrichen.

Heinrich Böll

* **Baujahr**: 1917–1985
* **Auszeichnungen**: Preis der Gruppe 47, Nobelpreis für Literatur
* **Ausbildung**: Buchhändler (abgebrochen), Studium der Germanistik (abgebrochen)

* **Werke** (Auszug): »Ansichten eines Clowns«, »Billard um halb zehn«, »Das Brot der frühen Jahre«, »Die verlorene Ehre der Katharina Blum«, »Doktor Murkes gesammeltes Schweigen«, »Irisches Tagebuch«
* **Fun-Fact**: Am Fronleichnamstag 1972 sprengte die Polizei die nachmittägliche Kaffeetafel im Haus Bölls bei Langenbroich, um nach der flüchtigen Ulrike Meinhof zu fahnden, die Böll in einem Artikel »Freies Geleit für Ulrike Meinhof« (Spiegel) als »Verfolgte und Denunzierte« bezeichnet hatte. Die aber war nicht da. »Man verabschiedete sich höflich«, erinnert sich der ebenfalls anwesende Philosophieprofessor Robert Spaemann.

Heinrich Heine

* **Baujahr**: 1797–1856
* **Auszeichnungen**: zu Lebzeiten keine! Mittlerweile sind allerdings ein eigener Literaturpreis, eine Universität, diverse Straßen und etliche Schulen nach ihm benannt.
* **Ausbildung**: Studium der Rechtswissenschaft, Dr. jur.
* **Werke**: »Buch der Lieder«, »Reisebilder«, »Deutschland. Ein Wintermärchen«, »Atta Troll. Ein Sommernachtstraum«, »Romanzero«
* **Fun-Fact**: Im New Yorker Joyce Kilmer Park, hinter dem Yankee-Stadium in der South Bronx, steht seit 1899 ein Brunnen namens »Loreley Fountain«, der Heinrich Heine gewidmet ist und sein Porträt als Relief trägt. Auftraggeber dieses Monuments war ausgerechnet Kaiserin Elisabeth, besser bekannt als »Sisi«, die ungeachtet seiner politischen Ansichten für den Dichter schwärmte, was die Sisi-Filme

stets verschwiegen. Eigentlich hatte das Monument von Ernst Herter zu Heines 100. Geburtstag 1897 in Düsseldorf aufgestellt werden sollen, doch wurde der entsprechende Beschluss des Stadtrats nach heftigen Protesten einer nationalistisch-antisemitischen Öffentlichkeit (»Heine ist der Prototyp des modernen, entarteten Judentums«) genauso wie die zugesagte Finanzierung durch Elisabeth zurückgezogen. 1985 erwarb die »Arion Singing Society«, einer der großen amerikanisch-deutschen Kulturvereine dieser Zeit, den Brunnen und ließ ihn nach New York bringen.

Das literarische Rheinland

Neben den Dichtern der Romantik haben sich gelegentlich auch Romanciers des Rheinlandes angenommen. Zu Zeiten des Kalten Krieges war die Hauptstadt Bonn beliebt als Kulisse für Spionagegeschichten, Anfang der 1960er-Jahre forderte die »Kölner Schule« einen neuen Realismus.

12 Romane, deren Handlung im Rheinland spielt

* Heinrich Böll: **Ansichten eines Clowns**, 1963 (Bonn)
  Innenansicht des trinkenden Clowns Hans Schnier im Wirtschaftswunderland

* John LeCarré: **Eine kleine Stadt in Deutschland**, 1968 (Bonn)

Ein verschlafenes Kaff mit ständig geschlossenen Bahnschranken als Schauplatz des Kalten Krieges

* Wolfgang Koeppen: **Das Treibhaus**, 1953 (Bonn)
  Kritischer Roman über das politische Tagesgeschäft der jungen Bundesrepublik

* Jason Dark alias Helmut Rellergerd: John Sinclair, Band 1.374, **Zombies im Media Park**, 2004 (Köln)
  Benefizband der Heftchenreihe zugunsten der Renovierung des Kölner Literaturhauses

* Juli Zeh: **Spieltrieb**, 2004 (Bonn)
  Schülertragödie an einem noblen Privatgymnasium

* Clara Viebig: **Die Wacht am Rhein**, 1902 (Düsseldorf)
  Naturalistischer Geschichtsroman über das niederrheinische Bürgertum im 19. Jahrhundert

* Erik Reger: **Schiffer im Strom**, 1933 (Andernach)
  Geschichte einer Flussschifferdynastie in den Zeiten der Wirtschaftskrise der 1920er-Jahre

* Rudolf Huch: **Spiel am Ufer**, 1927 (Bad Honnef)
  Briefroman des ebenfalls schreibenden Bruders der Dichterin Ricarda Huch

* Rolf Dieter Brinkmann: **Keiner weiß mehr**, 1968 (Köln)
  »Ein trotzig hingeworfener Brocken Prosa, schonungslos und eindringlich wie nur wenige

Romane der sechziger Jahre«, urteilte Großkritiker Reich-Ranicki über das psychologische Porträt eines Intellektuellen, das der einzige Roman Brinkmanns bleiben sollte

* Dieter Wellershoff: **Der Liebeswunsch**, 2000 (Köln)
  Geschichte zweier Paare aus der Kölner Kulturschickeria in den 90er-Jahren, von der »SZ« als »Meisterstück« beschwärmt

* Ulla Hahn: **Das verborgene Wort**, 2001 (Kölner Umland)
  Mädchenschicksal im sehr katholischen Rheinland der Nachkriegszeit, verfilmt und ausgezeichnet

* Pia Frankenberg: **Die Kellner & ich**, 1996 (Kölner Umland)
  Eine Fabrikantentochter im Wirtschaftswunder. »Eine ironische Sittengeschichte der biederen Wirtschaftswunderjahre«, befand »Der Spiegel«.

6 Krimis, die im Rheinland spielen

* Judith Merchant: **Nibelungenmord**, 2011 (Siebengebirge)
  Der Debütroman der Friedrich-Glauser-Preisträgerin aus Königswinter spielt an den Hängen des Drachenfelses.

* Frank Schätzing: **Tod und Teufel**, 1995 (Köln)
  Bestsellerautor Frank Schätzing schickt den Leser ins mittelalterliche Köln und verpasst ihm dabei einen Grundkurs in Dombau und Steinmetzkunst.

* Thea Dorn: **Mädchenmörder**, 2008 (Köln)
  Dieser kriminelle »Liebesroman« (so der Untertitel) beginnt an einer Kölner Nachtbushaltestelle und entwickelt sich zu einem beklemmenden Roadmovie.

* Horst Eckert: **Königsallee**, 2007 (Düsseldorf)
  Eckarts Kommissar Reuter ermittelt in den Untiefen Düsseldorfer Lokalpolitik. »Hart, realistisch, tragisch«, befand die »Westdeutsche Zeitung«.

* Wolfgang Kaes: **Todfreunde**, 2004 (Bonn)
  HIV-verseuchte Blutkonserven, Kindesmissbrauch und skrupellose Politiker im beschaulichen Bundesdorf. Der ehemalige Polizeireporter und Redakteur des Bonner »General-Anzeiger« Wolfgang Kaes tischt reichlich auf.

* Sabine Trinkaus: **Schnapsleiche**,
  2012 (Bad Godesberg)
  Vergnügliches Sodom und Gomorrha in einer Spirituosenherstellerdynastie

Berg und Tal

Die verschiedenen Regionen im Überblick

Bergisches Land

Das Bergische Land gehört nur so la la zum Rheinland, immerhin hat es mit den drei Städten Solingen, Remscheid und Wuppertal das Zeug zu einer eigenen Region mit eigenen Flüssen (Wupper, Agger, Düssel) und ganz eigenen Gebräuchen.

Als industrielle Zentren hatten vor allem die Städte Barmen und Elberfeld überregionale Bedeutung, dort studierte der junge Friedrich Engels in der Fabrik seines Vaters den Kapitalismus.

Heute sind Barmen und Elberfeld zu einem Gebilde namens Wuppertal zusammengewachsen und auch der Kapitalismus spielt dort keine Rolle mehr, weil in Wuppertal fast niemand mehr Arbeit hat. Als Zeitvertreib gibt es aber immerhin eine Schwebebahn.

Historisch ist das Bergische Land eng mit Düsseldorf, Residenz der Grafschaft Berg, verbunden. Als besondere Spezialität des Landstriches gilt die »Bergische Kaffeetafel«, bei der alle Gerichte auf den Tisch kommen, die man normalerweise über den Tag verteilt zu sich nehmen würde. Den Schwerpunkt bilden jedoch Stullen, die fingerdick mit Wurst, und Blechkuchen, die ebenso dick mit Obst belegt werden. Manchmal aber auch umgekehrt oder mit beidem zusammen. Dazu werden Bergische Waffeln gereicht, damit wirklich niemand hungrig bleibt.

Für den Kaffee ist die Dröppelminna zuständig, das ist entweder eine sehr langsame Kellnerin oder eine birnenförmige Kaffeekanne aus Zinn.

Bergisches Land für Spezialisten

In den altindustriellen Zentren des Bergischen Landes, Remscheid, Solingen und Wuppertal, gibt es recht bedeutende Industriedenkmäler zu entdecken. Wer alte Backsteinfabriken, erloschene Schlote und mondäne Fabrikantenvillen schätzt, kann sich auf der Website des Vereins Rheinische Industriekultur einen guten Überblick verschaffen.

www.rheinische-industriekultur.de

Eifel

Nur bei sehr oberflächlicher Betrachtung geht die Eifel als handelsübliche Mittelgebirgslandschaft durch, die sich in tektonisch turbulenter Zeit aus dem Boden gefaltet hat und nun als Ausflugsziel vor den Toren des Rheinlandes liegt. In endlosen Spaziergängen rund um Maria Laach wird dem rheinischen Kind dort traditionell das Wandern verleidet.

In Wirklichkeit ist die Eifel aber nicht vulkanischen Ursprungs, sondern samt ihrer Bewohner in einer stürmischen Nacht in grauer Vorzeit als Komet vom Himmel gefallen. Die Eifeler Zivilisation ist vermutlich eng mit der klingonischen verwandt. Zumindest klingen beide Sprachen ähnlich, und in beiden Kulturen ist es üblich, Herzlichkeit mit Faustschlägen auszudrücken.

Der Eifeler gibt sich ansonsten gern wortkarg und bevorzugt einsilbige Flur- und Ortsnamen wie Prüm, Enz und Daun, die dem Fremden möglichst abweisend entgegengebellt werden und der Abschreckung dienen sollen, obwohl die Orte selber diesem Zweck am besten dienen.

Die Natur der Eifel indes ist sehenswert. Man kann dort andernorts selten gewordene Orchideen, mannshohe fleischfressende Pilze oder Werwölfe besichtigen.

Eifel für Spezialisten

Geführte Wanderungen durch die urtümliche Natur der Eifel bietet die Verwaltung des Nationalparks Eifel an. Bewaffnete Ranger mit verwegenen Hüten führen Sie behutsam in die Kunst des Trapperns, Schleichens und Huschens ein. Sogar »spirituell begleitete Wanderungen auf dem Schöpfungspfad« werden in Co-Produktion mit dem »Netzwerk Kirche« angeboten. Wahrscheinlich erwartet Sie dabei eine Mischung aus Warzenbesprechen und Meditationsgedöns.

Unter dem hauchdünnen Firnis christlicher Zivilisation brodelt nämlich uralter Volksglaube, doch keine Angst, Menschenopfer sind mittlerweile auch in der Eifel verboten.

www.nationalpark-eifel.de

Westerwald

Die dicht bewachsenen Hügel des Westerwaldes bilden den rechtsrheinischen Teil des Rheinischen Schiefergebirges und schließen das Rheinland als unüberwindbarer Sperrriegel Richtung Hessen ab, worüber Hessen und Rheinländer gleichermaßen erfreut sind.

Wegen des eisekalten Mikroklimas dieser urtümlichen Landschaft setzen die Jahreszeiten dort später als im klimatisch begünstigten Rheinland ein, und auch kulturell gibt es hier und da Verspätungen: Erst neulich wurde etwa im Beisein aller Westerwälder Häuptlinge feierlich der erste Baumarkt und nebenbei auch die Bronzezeit eröffnet.

Der Westerwälder findet sein karges Auskommen ausschließlich als Kräuterweiblein oder Köhler. Wem das nicht reicht, der muss Postkutschen überfallen. Der Räuberhauptmann Schinderhannes gilt denn auch als Westerwälder Nationalheld und wird einmal im Jahr zu Beginn der Touristensaison feierlich exhumiert. Als Autoreisender sind Sie im Westerwald indes vor Überfällen gefeit, denn die Ureinwohner fürchten den Kontakt mit den Donnerkutschen.

Auch die Westerwälder Küche ist karg und besteht hauptsächlich aus vorgekauten Wurzeln und Gelegenheitskannibalismus.

Ville

Die Ville ist ein tektonischer Halbhorst, auch wenn deren Bewohner allgemein als Vollhorste gelten. Ein Horst ist in der seltsamen Sprache der Geologen eine Scholle, die sich parallel zu anderen Horstschollen aus dem Boden erhoben hat, dazwischen verlaufen breite Gräben, die enttäuschenderweise aber bloß »Gräben« heißen.

Die rheinische Ville ist übrig geblieben, als sich die rheinische Bucht nach unten ausgebuchtet hat. Der Höhenrücken der Ville erstreckt sich von der Eifel im Süden und endet im Norden irgendwo hinter Pulheim, also im Nirgendwo. Früher wurde die Ville zum Braunkohletagebau genutzt, heute liegt sie nur so herum.

Vorgebirge

Wenn die Kölner Kaufleute des Mittelalters nach Trier oder Aachen wollten, mussten sie ihre Karren über den östlichen Hang der Ville lenken, weswegen der Begriff »Vorgebirge« für diesen Landstrich seit dem 15. Jahrhundert belegt ist. Wie den alten Marktbüchern weiter zu entnehmen ist, brachten sie auf der Rückreise immer lecker Obst und Gemüse mit, etwas anderes wird dort auch bis heute nicht produziert. Das Vorgebirge ist mit seinen Lößböden extrem fruchtbar und liegt als Osthang der Ville schön windgeschützt zwischen Bonn und Köln.

Berüchtigt ist der Brombeerwein des Vorgebirges, der hauptsächlich aus Alkohol und Zucker besteht und auch in geringen Dosierungen sofort zu schwersten Migräneanfällen führt.

1932 wurde dort auf Initiative des damaligen Kölner Oberbürgermeisters Konrad Adenauer die erste Autobahn Europas im Vorgebirge gebaut, damit die Kölner nicht mehr dort anhalten mussten, wenn sie nach Bonn wollten. Außer Konrad Adenauer ist aber nie je ein Kölner nach Bonn gefahren, weswegen die Nationalsozialisten der Straße den Autobahnstatus wieder aberkannten. Außerdem war der Führer sauer, weil er aus Imagegründen selber »der mit den Autobahnen« sein wollte.

Noch immer wird im Vorgebirge hauptsächlich Gartenbau betrieben, dessen Produkte mittlerweile in der Roisdorfer Großmarkthalle umgeschlagen werden. Deswegen haben die Kneipen dort auch schon um fünf Uhr morgens auf.

Kottenforst

Auf einer Hochebene südlich der Ville, zwischen Meckenheim und Bonn, erstreckt sich auf 4.000 Hektar der Kottenforst, dessen Name sich vom keltischen Wort für Wald ableitet.

Der Name Kottenforst bedeutet also eigentlich »Waldwald«, hat sich aber trotzdem durchgesetzt.

In kurkölnischer Zeit ließ der Barockfürst Clemens August ein sternförmiges System von Alleen im Kottenforst anlegen, das ihm die schnelle Parforcejagd zu Pferde ermöglichte und bis heute auch unbegabte Spaziergänger daran hindert, sich dort zu verlaufen.

Drachenfelser Ländchen

Das Drachenfelser Ländchen ist eine beruhigende Hubbellandschaft für alle, denen das Siebengebirge zu spektakulär ist, und liegt im Süden Bonns zwischen der runden Kuppe des Wachtberges (258 Meter) und dem vulkanischen Sprengtrichter des Rodderberges (193 Meter) an der Grenze zu Rheinland-Pfalz. Seinen Namen trägt das Ländchen, weil es sich früher im Besitz der Ritter vom Drachenfels befand, deren ruinöses Anwesen allerdings auf der Rheinseite gegenüber liegt. Heute wird das Drachenfelser Ländchen hauptsächlich von pensionierten Beamten der Bundesministerien bewohnt, die dort Rosen züchten, katalogisieren und abheften.

Rheinische Riviera

Zwischen 1860 und 1890 schipperten bereits jährlich etwa eine Million Reisende mit den Dampfschiffen der »Preußisch-Rheinischen Gesellschaft« den Rhein auf und ab, damit gehört der Landstrich wie die Côte d'Azur zu den Pionierlandschaften des Massentourismus.

Dennoch haftete der Lage südlich von Bonn gegen Ende des 19. Jahrhunderts noch der Ruf des Exquisiten an, den sie anders als die Côte d'Azur vollständig eingebüßt hat.

Wer jedoch damals auf sich hielt, ließ sich eine möglichst opulente Villa mit Rheinblick bauen.

Und so las sich die Liste der Immobilienbesitzer der Wilheminischen Arä am Rhein wie ein Who is who der deutschen Wirtschaftsgeschichte, die dem Rheintal besonders in den fetten Jahren der Gründerzeit einen Bauboom bescherte.

Prächtige Hotels eröffneten Ende des 19. Jahrhunderts an beiden Ufern: in Königswinter eine steingewordene Sahnetorte namens Hotel Loreley, die bis heute bewirtschaftet wird, und auf der anderen Rheinseite, in Rolandseck, das Hotel Rheingold-Bellevue oder das Hotel Groyen, die beide seit längerer Zeit höchst malerisch zerfallen. Allerdings versucht man in Rolandseck jetzt mittels kultureller Hochglanzprojekte an vergangene Zeiten anzuknüpfen.

Oberhalb des klassizistischen Bahnhofsgebäudes von Rolandseck, in dem erlauchte Bahnreisende wie die englische Königin Victoria oder ihr Enkel, der deutsche Kaiser Wilhelm II., vom Privatzug in den Rheindampfer umstiegen, erhebt sich seit 1995 der schneeweiße Neubau des Arp Museums. Der lichtdurchflutete Bau soll nach dem Willen seines Architekten Richard Meier mit »fließenden Übergängen von innen nach außen« eine ähnlich enge

Verbindung zur Natur herstellen, wie sie auch in den Werken von Hans Arp zum Ausdruck komme.

Mit seiner Mischung aus verblichener, anachronistischer Eleganz, die längst vom Efeu wie von den Zeugnissen einer zeitgenössischen Imbissbuden- und Matratzenmarkt-Architektur überlagert wird und nun vom weißen Raumschiff des Arp Museums überstrahlt wird, ist Rolandseck wohl einer der seltsamsten und sehenswertesten Orte, die das Rheinland zu bieten hat.

Auf Nonnenwerth, der Rolandseck vorgelagerten Rheininsel, verlebte der Pianist Franz Liszt 1841 einen wohl sehr angenehmen Spätsommer. Zwar wurde nichts aus dem Kauf der Insel, den Liszt in Erwägung gezogen hatte, doch der auf Nonnenwerth vertieften Beziehung zur Gräfin D'Agoult erwuchsen zwei Töchter, und mit dem Stück »Die Zelle in Nonnenwerth« widmete Liszt seinem Hotelzimmer eine melancholische Elegie. Kurz danach ging der Gasthof übrigens pleite.

Heute ist auf der Insel neben einem Kloster, das 1126 vom Erzbischof Friedrich I. von Köln und dem Abt Cuno von Siegburg gegründet wurde, ein katholisches Gymnasium untergebracht, das von den Franziskanerinnen der Insel geführt wird und im Umland deswegen als »Nonnenbunker« bekannt ist.

Das berühmteste der ehemals mondänen Hotels am Rhein aber ist das Rheinhotel Dreesen, das 1894 bei Rüngsdorf erbaut wurde. In den 1920er-Jahren erholten sich dort Stummfilmgrößen wie Greta Garbo oder Charlie Chaplin, Prominente wie der Rennfahrer Rudolf Caracciola, der aus dem nahen Remagen stammte, aber auch ein junger Mann, der als politischer Schriftsteller und Agitator einer obskuren bayerischen Partei tätig war: Adolf Hitler war 1926 auf Einladung des Kaufmannssohns Rudolf Heß dort, der unter anderem am Bad Godesberger

»Pädagogium« zur Schule gegangen war und den Kleinbürger Hitler einigen wichtigen Leuten vorstellen wollte.

1938 war Hitler schließlich selbst wichtig genug, um dorthin einzuladen: Dem britischen Premierminister Neville Chamberlain und seinem französischen Kollegen Édouard Daladier trotzte Hitler im Rheinhotel Dreesen das Sudetenland ab. Nach dem Krieg wurde es nacheinander von den Amerikanern, Engländern und Belgiern beschlagnahmt, während es heute wieder als Hotel bewirtschaftet wird, auch wenn es nicht mehr in derselben Liga spielt.

Noch bis in die Jugendjahre der Bundesrepublik sollte die »Rheinische Riviera« ihren Ruf als Refugium für begüterte Rentner halten können, 1953 beschrieb sie Wolfgang Koeppen in seinem Roman »Das Treibhaus« so:

»Verkehrsvereine, Fremdenlockbetriebe nannten das Land die rheinische Riviera. Ein Treibhausklima gedieh im Kessel zwischen den Bergen; die Luft staute sich über dem Strom und seinen Ufern. Villen standen am Wasser, Rosen wurden gezüchtet, die Wohlhabenheit schritt mit der Heckenschere durch den Park, knirschenden Kies unter dem leichten Altersschuh ...«

* **Hotel Loreley**
Seit 1893 steht dieses drollige Zeugnis wilhelminischen Neobarocks in Königswinter.
Rheinallee 12, Königswinter
www.hotelloreley.de

* **Rheinhotel Dreesen**
Man nennt sich ganz bescheiden
»Das weiße Haus am Rhein«
Rheinhotel Dreesen, Rheinstraße 45–49,
Bonn-Bad Godesberg
www.rheinhoteldreesen.de

* **Arp Museum Bahnhof Rolandseck**
Biomorphe Kunst im transparenten Bau.
»Ein Gewächshaus für die Ranke Arp«, witzelte Gründungsdirektor Klaus Gallwitz zur Eröffnung.
Di–So und an Feiertagen 11–18 Uhr
www.arpmuseum.org

Siebengebirge

Das Siebengebirge ist eine bewaldete Hügelkette im Südosten von Bonn, die hauptsächlich aus Grauwacke, Tonschiefer und Sandstein besteht. Vor etwa 350 Millionen Jahren entstand es als Teil des variskischen Gebirges, das sich von der Bretagne bis Polen zog, bis sich plötzlich der Boden absenkte und das Vorläufermeer der Nordsee ins Rheinland floss.

Vor etwa zwölf Millionen Jahren, als sich das Meer aus der frisch geschaffenen Niederrheinischen Bucht zurückzog, kam es unter den Resten des Gebirges auch noch zu vulkanischen Aktivitäten, die sein Aussehen wiederum verändern sollten.

Das Grundgestein wurde durchbrochen, vulkanische Gesteine wie Trachyt, Basalt oder Latit brachen glutflüssig aus dem Erdinnern hervor und lagerten sich mehrere Hundert Meter hoch ab, umgeben von riesigen Mengen vulkanischer Asche, die poröses Tuffgestein hinterließen.

Wind und Wetter schliffen die weniger robusten Teile des Gebirges ab, und als vor etwa 450.000 Jahren auch noch der Rhein begann, sein Flussbett durch das Rheinische Schiefergebirge zu fräsen, bekam das Siebengebirge so langsam seine heutige Form, bis ihm erst die Steinbrüche der Römer und später die der Neuzeit den letzten Schliff gaben.

Der Name leitet sich allerdings nicht von den sieben Hauptgipfeln ab, sondern von den wasserreichen Kerbschluchten, die diese Hügelkette durchziehen: Im Althochdeutschen wurden sie *Sipe* und später dann *Sieffen* genannt.

Das Siebengebirge ist also eine Vulkanruinenlandschaft mit Burgruinen, quasi ein Schrottplatz der Natur mit ordentlich Geschichtsschutt drüber. Aber genau deswegen ist es so beliebt: Man kann sich danebensetzen und darüber sinnieren, dass am Ende doch alles vergeht, und dazu den örtlichen Wein trinken, der wesentlich besser wirkt als er schmeckt. Das nennt man Romantik und wurde im 19. Jahrhundert erfunden.

Kurz nachdem man erfolgreich Touristenattraktion geworden war, begann man im Rheinland, den Wert der Landschaften zu erkennen. Schließlich bezahlten die Leute dafür.

Hatte man bislang munter das Siebengebirge zu handlichen Steinen zerkloppt, um sie an durchreisende Architekten zu verkaufen, schwante den Rheinländern nun, dass man für das Siebengebirge am Stück noch mehr bekommen würde. Außerdem ließ es sich ja immer wieder verkaufen, es kamen ja immer neue Touristen nach. Deswegen wurde 1869 zu Bonn der »Verschönerungsverein für das Siebengebirge« gegründet, der es sich zur Aufgabe gemacht hatte, das Gebirge flächendeckend mit Hinweisschildern zu überziehen, die allesamt den Weg zur nächsten Gaststube wiesen. Neben zahlreichen Fußwegen legte man einige Fahrstraßen an, um die Region auch für Lauffaule zu erschließen.

Doch nicht alle Rheinländer waren diesen neumodischen Praktiken gegenüber aufgeschlossen, die Steinbruchbesitzer beharrten auf ihren althergebrachten Rechten, bis ein Teil der damals schon populären Ruine des Drachenfelses krachend zu Tal rutschte, weil man den Fels darunter weggeklopft hatte. Nun erfand man kurz nach dem Tourismus auch noch den Denkmal- und Umweltschutz.

»Conservation vermittelst Expropriation«, hieß die Devise. Der preußische Staat enteignete kurzerhand die rheinischen Steinhauer und ließ den Drachenfels abstützen, wenngleich das Siebengebirge erst 1922 unter Naturschutz gestellt wurde. 1959 wurde es zum ersten nordrhein-westfälischen Naturpark erklärt. Ein Naturpark, muss man allerdings wissen, bezeichnet heute eine relativ niedrige Schutzstufe und bedeutet eigentlich nur, dass man dort keine Mülldeponie eröffnen darf, weil sonst die Touristen wegbleiben würden. Eine kleine Autobahn in der Nähe geht dagegen vollkommen in Ordnung.

Vor einigen Jahren sollte das Siebengebirge zum Nationalpark hochgestuft werden, doch regte sich sofort Widerstand. Die örtlichen Geschäftsleute befürchteten Bevormundung durch dahergelaufene Ökofuzzis, während manche Ökofuzzis zu Recht darauf hinwiesen, dass die gut erschlossene Kulturlandschaft des Siebengebirges den strengen Kriterien des Nationalparks nicht gerecht würde.

* **Stiftung Naturschutzgeschichte**
  Drachenfelsstraße 118,
  Königswinter
  www. naturschutzgeschichte.de
  Forum und Museum zur Geschichte des Naturschutzes in Deutschland auf Schloss Drachenburg

* **Naturparkhaus Siebengebirge**
  Königswinterer Straße 409,
  Königswinter, Margarethenhöhe
  www.naturpark-siebengebirge.de
  Allerlei Wissenswertes über Fauna, Flora und Geologie des Siebengebirges

* **Siebengebirgsmuseum**
Kellerstraße 16,
Königswinter-Altstadt
www.siebengebirgsmuseum.de
Fachmuseum für Rheinromantik und -tourismus

All die Käffer do am Ring

Anders als die Überschrift dem Dialektunkundigen nahelegt, geht es in diesem Kapitel nicht etwa um Käfer an einem Ring, sondern um die Städte und Dörfer (*Käffer*) entlang des Rheins (*do am Ring*).

Das Rheinland ist zwar kein urbaner Ballungsraum wie das Ruhrgebiet, aber dafür schon seit Menschengedenken ziemlich dicht besiedelt. Es ist gewissermaßen das Zweistromland Deutschlands, nur eben mit bloß einem Strom. Verrückte Männer mit Schnauzbärten gibt es aber auch hier an jeder Ecke. Größere unberührte Naturlandschaften werden Sie hier vergebens suchen, auch der Naturpark Siebengebirge ist eher eine Picknickwiese. Auch die Auenlandschaften des Niederrheins sind oftmals vom Menschen geschaffene Kulturlandschaften, die ihre Existenz der Trockenlegung der Altrheinarme verdanken.

Viele der linksrheinischen Städte und Dörfer wurden von den Römern gegründet, die ihrerseits Lagerstätten der kelto-germanischen Stämme übernahmen oder ausbauten. Darüber wucherten erst die fränkischen, dann die mittelalterlichen Siedlungen, die gerne von Burgen bekrönt wurden. Zur Barockzeit fand sich der ein oder andere Erzbischof aus Köln, Mainz oder Trier, der ein Palais hinzufügte, während die Preußen bisweilen für ein klassizistisches oder gründerzeitliches Finish der Städte sorgten. Im Zweiten Weltkrieg wurde einiges an Architektur zerbombt, die Nachkriegsideologie der autofreundlichen Stadt hat aber genauso viel Schaden angerichtet: Von Landschaftsplanern mit Bedacht eingerichtete Sichtachsen wurden zerschnitten, Alleen zu mehrspurigen Ausfallstraßen umgebaut. Für kommunale Renommierprojekte wurden bis in die 1970er-Jahre halbe Stadtviertel eingeebnet, wie in Bonn beim Bau des Stadthauses geschehen. Zu guter Letzt wurde die alte Bausubstanz dann auch noch großzügig mit Eternitplatten verkleidet, um ein einheitlich graues Erscheinungsbild zu gewährleisten.

Bonn – wo der Hund begraben liegt

Es gibt Mädchen, aber durchaus auch Jungen, die sehen schon auf ihren Abifotos so trutschig und tantenhaft aus, als wären sie bereits seit 40 Jahren Sachbearbeiterinnen im öffentlichen Dienst. Genau so ist Bonn, nur eben als Stadt. Ein stadtgewordenes Mauerblümchen, das schon immer da war, ohne dass es jemandem groß aufgefallen wäre, auch wenn es eigentlich ganz hübsch ist.

»Eine reiche Rentnerstadt. Alles sehr still, seriös, unauffällig«, befand schon der expressionistische Maler August Macke, der lange in Bonn wohnte, bis es ihm dort zu langweilig wurde und er den Nervenkitzel in Form des Ersten Weltkrieges suchte, in welchem er sich umgehend totschießen ließ. Ruhe ist eben doch nicht immer das Schlechteste.

Bereits in der Steinzeit war die Gegend um Bonn besiedelt, und zwar von einem netten älteren Ehepaar mit Hund, das sich vor 14.000 Jahren in Oberkassel begraben ließ. »Och«, werden sich die beiden vorher gedacht haben, »schaffen wir uns doch einen Hund an, dann wird es vielleicht ein bisschen lebhafter hier.«

Dieser Hund ist das erste nachweisliche Haustier der Menschheit, weswegen der Stadt eindeutig der Ehrentitel »Friedhof der Kuscheltiere« zustünde, was immer noch besser wäre, als sich »Bundesstadt« zu nennen. Da machen die Leute doch Witze drüber.

Ferner schmückt man sich in Bonn gern mit dem Titel »Beethovenstadt«, weil der Komponist dort auf die Welt kam und seine Jugendjahre verbrachte.

Nach dem steinzeitlichen Ehepaar kamen Kelten und Römer vorbei, die in Bonn allesamt ihre Lager aufschlugen, die großen Schlachten aber lieber woanders ausfochten, von gelegentlichen Germaneneinfällen einmal abgesehen. Der römische Legionskommandeur Q. Venidius Rufus fand im 2. Jahrhundert nach Christus jedenfalls genug Zeit, in den Mineralquellen von Bad Godesberg zu plantschen, wo er einen Weihestein aufstellen ließ, der Aesculap und Hygieia gewidmet war.

Im frühen 4. Jahrhundert wurde im Süden des römischen Lagers eine kleine Kirche zu Ehren der christlichen Märtyrer Cassius und Florentius errichtet. Aus dieser Weihestätte wurde ein stattliches Münster und drum herum entstand ein mittelalterliches Städtchen, das eine unerwartete Aufwertung erfuhr, als die Kölner Kurfürsten hier notgedrungen Residenz nahmen.

Als 1582 ein eigensinniger Erzbischof namens Gebhard Truchseß von Waldburg zum Protestantismus konvertieren wollte, war im stillen Bonn und im gesamten katholischen Rheinland plötzlich der Teufel los, die

Wittelsbacher aus Bayern griffen ein und übernahmen den Posten des Erzbischofs. Bis 1761 bauten sie Bonn zu einer schmucken Barockstadt aus, wobei sie sich auf abenteuerlichste Weise verschuldeten. Knapp 250 Jahre später versuchte eine sozialdemokratische Stadtregierung die ehemalige Hauptstadt zu einer schmucken Kongressstadt auszubauen, und verschuldete sich dabei ebenso abenteuerlich.

Im kurfürstlichen Schloss der Wittelsbacher gründeten die Preußen, denen die Stadt nach Abzug der Franzosen zugefallen war, die Rheinische Friedrich-Wilhelm-Universität, in der zahlreiche Geistesgrößen dozierten, wie Ernst Moritz Arndt, die Historiker Friedrich Christoph Dahlmann und Barthold Georg Niebuhr, der Universalgelehrte August Wilhelm Schlegel oder der Astronom Friedrich Wilhelm August Argelander, der mit der »Bonner Durchmusterung« eine systematische Katalogisierung des nördlichen Sternenhimmels vornahm. Heute liegt die gelehrte Bagage neben weiteren Prominenten wie Clara und Robert Schumann beinahe geschlossen auf dem lauschigen Alten Friedhof, der wiederum im Schatten eines weniger lauschigen, sondern vielmehr »monströsen Stadthaus-Furunkels« (»Die Zeit«) aus den 1970ern liegt.

1948 traf sich der Parlamentarische Rat im unzerstörten Bonner Naturkundemuseum, um eine Verfassung für die Republik auszuarbeiten. Um den provisorischen Charakter von Staat und Verfassung zu betonen, nannte man das Dokument schlicht »Grundgesetz«.

Für dieses Provisorium namens Bundesrepublik wurde dennoch eine Hauptstadt gesucht, die freilich bloß »Regierungssitz« heißen sollte. Die SPD favorisierte wegen seiner republikanischen Tradition das schwer zerstörte Frankfurt, aber auch pulsierende Metropolen wie Kassel, Oldenburg oder Bamberg brachten sich ins Gespräch.

Mit Bonn, dachten sie, könnten sie es allemal aufnehmen. Doch weit gefehlt. Der Rheinländer Adenauer drückte mit allen Mitteln seine Wahl Bonn durch. »Die Leute fühlen sich hier so wohl, dass sie *jar nich* mehr wegwollen«, behauptete er und meinte vor allem sich selbst damit, schließlich wohnte er bereits im nahe gelegenen Rhöndorf und schätzte die kurzen Wege zur Arbeit sowie die Ruhe vor einer starken Arbeiterschaft, wie er sie etwa in Frankfurt vor der Haustür gehabt hätte.

»Eine unpolitische und durch und durch im bürgerlichen Lebensgefühl wurzelnde Stadt«, nannte Adenauers Gegenspieler Carlo Schmid (SPD) Bonn und hatte damit zweifellos recht. Trotzdem bekam Adenauer schließlich seinen Willen und Bonn wurde Regierungssitz, wenn sich auch hartnäckig Gerüchte von Bestechungen hielten, mit denen sich sogar ein parlamentarischer Untersuchungsausschuss beschäftigte. Ohne Erfolg.

Das Provisorium Bonn hielt und gab der Bonner Republik mit seiner behäbig-kleinstädtischen Art die Anmutung einer etwas zu groß geratenen Schweiz, vor der niemand Angst zu haben brauchte, auch wenn Adenauers Regierungsapparat mit alten Nazis durchsetzt war wie ein Dresdner Stollen mit Rosinen.

Erst zehn Jahre nach dem Mauerfall zog die Regierung zurück nach Berlin, wenn auch der Verwaltungsapparat vieler Ministerien noch immer in Bonn herumsitzt, weil die Reihenhäuschen der Beamten noch nicht abbezahlt sind.

Mittlerweile wird das Bonner Stadtbild aber nicht mehr von Ministerien und diplomatischen Vertretungen bestimmt, an ihre Stelle sind die ehemaligen Staatsunternehmen Telekom und Post getreten. Die Deutsche Post AG hat sich in der Gronau am Rheinufer ein »Posttower« genanntes Hauptquartier bauen lassen, neben dem sich der von Egon Eiermann entworfene »Lange Eugen«, das ehemalige Abgeordnetenhaus, beinahe zwergenhaft ausnimmt. Nach anfänglichem Murren haben sich die meisten Bonner an das durchaus elegante Hochhaus (162,5 Meter) des Architekten Helmut Jahn gewöhnt, bloß die Zugvögel hatten das Gebäude lange nicht ins GPS eingespeichert und klatschten in hoher Zahl dagegen, weswegen die Fassadenbeleuchtung geändert werden musste.

Das magentafarbene »T« der Telekom leuchtet dagegen über diversen unspektakulären Bauten, die ganz zugvogelfreundlich statt in die Höhe eher in die Breite wuchern.

Neueren Datums ist das World Conference Center Bonn (WCCB), ein kommunalpolitisches Desaster, das nun als halb fertiges Mahnmal das ehemalige Regierungsviertel schmückt und an die Fallstricke sogenannter Public-Private Partnerships erinnern soll.

Das Kongresszentrum samt 350-Zimmer-Hotel sollte von einer städtischen Projektleitung mit dem koreanisch-amerikanischen Immobilienentwickler SMI Hyundai realisiert werden, der mit dem koreanischen Autobauer lediglich den Namen, aber keinesfalls die Liquidität teilte: Das zugesagte Eigenkapital wurde von SMI Hyundai nie eingebracht. Nach Lage der Dinge hat es dieses Kapital nie gegeben. Die Firma erwies sich als Luftnummer, die Stadt hatte sich da natürlich längst gegenüber den Banken verpflichtet, für alle Risiken zu bürgen.

Nach dem Chef von SMI Hyundai, Man Ki Kim, jenem »Glücksfall für Bonn« (Bärbel Dieckmann) wird mittlerweile per internationalem Haftbefehl gefahndet, die politisch Verantwortliche, die damalige Oberbürgermeisterin Bärbel Dieckmann, dagegen wurde SPD-Präsidiumsmitglied und Präsidentin der Welthungerhilfe.

Das politische Bonn – ein Rundgang

Villa Hammerschmidt

Der Mülheimer Kaufmann Albrecht Troost, durch Heirat, Spekulation und Erbe zu einigem Reichtum gekommen, ließ sich 1862 ein blütenweißes Anwesen im klassizistischen Stil bauen. Anfang des 20. Jahrhunderts ging die Villa in den Besitz des namensgebenden Rudolf Hammerschmidt über, bis im Herbst 1950 der erste Bundespräsident, Theodor Heuss, dort einzog. Noch heute ist die Villa der Bonner Amtssitz des Präsidenten.

Palais Schaumburg

1891 bezog Prinz Adolf Wilhelm Victor von Schaumburg-Lippe nebst Gemahlin, der Kaisertochter Wilhelmine Viktoria von Preußen das Anwesen des alten Tuchhändlers Wilhelm Loeschigk. Nach dem Tod des Prinzen drehte die Dame des Hauses noch einmal richtig auf, brauste mit einem jungen Hochstapler namens Zoubkoff auf dem Moped durch die Welt, verjuxte dabei ihr beträchtliches Vermögen und musste ihren Lebensabend in einem kleinen Hotel in Bonn-Mehlem verbringen. Nach Gründung der Bundesrepublik wurde das Palais zum Amtssitz des Bundeskanzlers, bis es 1969 dort zu eng wurde.

Bundeskanzleramt

Erst 1976 war der rostbraune Flachbau, der den Stab des Kanzlers beherbergen sollte, bezugsfertig. Helmut Schmidt war alles andere als begeistert und bezeichnete das vom Architekturbüro Stieldorf entworfene Gebäude als »Mischung aus Westwall und lieblosem Heldengrab«. Mit der Plastik »Large Two Forms« von

Henry Moore wurde es dennoch zum emblematischen Bau der Bonner Republik, der immer eingeblendet wurde, wenn es Regierungsverlautbarungen zu illustrieren galt. Die älteren Fernsehzuschauer werden sich erinnern.

Kanzlerbungalow

In der Parkanlage zwischen Villa Hammerschmidt und Palais Schaumburg liegt der vom Münchener Architekten Sep Ruf erbaute Bungalow, der von Ludwig Erhard bis Helmut Kohl den jeweils diensthabenden Kanzlern mehr oder minder als Bonner Wohnsitz diente. Bei seiner Erbauung 1964 löste das oft belächelte, aber durchaus nicht unelegante Gebäude wegen seiner Annehmlichkeiten wie zum Beispiel einem Schwimmbecken heftige Kontroversen aus. In der Rückschau nimmt sich das glasreiche Flachdachhaus allerdings eher bescheiden aus.

Plenarsaal »Altes Wasserwerk«

1986 bezogen die Parlamentarier der Bonner Republik einen neuen Versammlungsort, einen überraschend lauschigen, neogotischen Industriebau des 19. Jahrhunderts am Rheinufer, und beschlossen dort trotzdem 1991 den Umzug nach Berlin.

Museum Koenig

Zwischen ausgestopften Tieren und einem Elefantenskelett traf sich 1948 der Parlamentarische Rat, um dem zertrümmerten Land eine demokratische, vorläufige Verfassung zu geben. In diesem Naturkundemuseum und in der Aula der Pädagogischen Akademie entstand das Grundgesetz.

Die Stiftung Haus der Geschichte bietet einen eineinhalb- bis zweistündigen Rundgang durch das ehemalige Bonner Regierungsviertel an. Informationen unter www.wegederdemokratie.de

In der Nähe: Willy-Brandt-Forum, Unkel

Im ehemaligen Sparkassengebäude erinnert eine kleine Dauerausstellung an Willy Brandt, der seit 1979 in der kleinen Stadt am Rhein lebte und 1992 dort starb.
www.willy-brandt-forum.com

Bad Honnef – Kampen am Mittelrhein

Acht Kilometer südlich von Bonn liegt Bad Honnef, das sich seit Kaiserzeiten gern als »Nizza am Rhein« bezeichnet, obwohl es dort eher aussieht wie auf Sylt Mitte der 80er-Jahre.

Mit Sascha Hehn oder Sigmar Solbach als Bürgermeister.

Die Honnefer tragen ihre Sonnenbrillen im Haar und fahren im Kabriolett am Rhein hin und her. Was sie im Winter machen, weiß kein Mensch, dann liegt der Ort nämlich wie ausgestorben da. Trotzdem ist Honnef unermesslich reich oder immerhin die drittreichste Kommune in ganz NRW. Wahrscheinlich haben die Honnefer den Schatz der Nibelungen im Rhein gefunden und fein für sich behalten.

Im Stadtteil Rhöndorf liegt der wichtigste Wallfahrtsort für CDU-Anhänger, die sich dort weinend in den Armen liegen und an bessere Zeiten erinnern. Hier residierte und starb nämlich der Erfinder der Sojawurst, des batteriebetriebenen Stopfeis mit Innenbeleuchtung sowie der Bonner Republik, Konrad Adenauer, der bekanntermaßen von 1949 bis 1963 ihr erster Bundeskanzler war.

Im Wohnzimmer des Hauses kann man noch Mitbringsel seiner Staatsmännerkollegen bewundern, unter anderem selbst gemalte Bilder von Winston Churchill und von Dwight D. Eisenhower.

www.adenauerhaus.de

Linz – alles wie 1849

»Das Städtchen ist während der Weinlese Mittelpunkt des muntersten Treibens«, berichtete schon die Mutter aller Reiseführer, Baedekers »Rheinreise« von 1849 (sechste Auflage). Zu vermuten ist jedoch, dass es sich heutzutage noch immer um dasselbe Publikum handelt, das schon 1849 die Weinfeste unsicher machte, denn Linz hat sich ganz der ehrenhaften und verantwortungsvollen Aufgabe der Rentnerbelustigung verschrieben. Auch bei Drehorgelfesten und »Messerschmitt-Kabinenroller-Treffen« dreht sich alles um Oldtimer.

Andernach – nichts gegen Geysire

Der bekannteste Andernacher ist zweifellos Heinrich Karl Bukowski, der dem Ort jedoch kurz nach seiner Geburt 1920 den Rücken kehrte, um woanders weiterzutrinken. Mittlerweile erinnert eine kleine Gedenktafel am Geburtshaus an den rabauzigen Sohn der Stadt, der als Charles Bukowski lieber von Los Angeles aus die Literaturgeschichte unsicher machte, weil dort entschieden mehr los war. Dafür hat der von Kelten gegründete Ort die ungleich längere Geschichte, die in steinernen Zeugnissen von Römer- bis Neuzeit überall in der Stadt herumsteht. Allerdings ist das im Rheinland kein Alleinstellungsmerkmal.

Wohl auch deswegen haben die Andernacher 2001 den alten Geysir wieder ausgebuddelt, nachdem sie ihn 1957 zugeschüttet hatten, weil Kaltwassergeysire damals wohl als schrecklich unmodern galten. Nun verfügt Andernach erstaunlicherweise über den höchsten Kaltwassergeysir der Welt und Menschen aus fremden Ländern (zum Beispiel Nordrheinwestfalen) und weit entfernten Städten (zum Beispiel Remagen) pilgern herbei, um die Fontäne zu betrachten. Nichts gegen Geysire, aber ein jährliches Bukowski-Festival wäre auch schön gewesen.

Siegburg – Abtei zu vermieten

Die putzige Kreisstadt liegt acht Kilometer östlich des Rheins am Flüsschen Sieg, das bei Mondorf in den Rhein mündet. Wahrzeichen der Stadt ist die Benediktinerabtei auf dem erloschenen Vulkankegel des Michaelsberges, die 1064 von dem Kölner Erzbischof Anno II. gegründet wurde.

Von Nachwuchs- und finanziellen Sorgen geplagt, warfen die letzten zwölf Brüder der Abtei allerdings im letzten Jahr entnervt das Handtuch. Damit geht eine über 950-jährige Klostertradition zu Ende. Wahrscheinlich kommt jetzt irgend so ein blödes Wellnessdings rein. Man muss kein großer Freund der katholischen Kirche sein, um das irgendwie traurig zu finden.

Koblenz – aber landschaftlich ist es schön

Der alte Baedeker war zumindest von der Landschaft begeistert: »Von allen Rheinstädten hat Koblenz unstreitig die reizvollste Lage; nach allen Richtungen hin gewährt die Landschaft ein eigenthümliches Bild von nicht gewöhnlicher Schönheit.«

Koblenz wird geografisch von den Ausläufern des Hunsrücks und des Westerwaldes begrenzt und liegt am Zusammenfluss von Mosel und Rhein, das macht natürlich optisch einiges her.

Die Geschichte der Stadt aber ist vor allem militärisch geprägt.

Die Römer nannten den Ort, in dessen Nähe Cäsar wohl erstmals den Rhein überquerte, »Castellum apud Confluentes« und stationierten eine Garnison, um die Bündnistreue der dort siedelnden Treverer zu überwachen. Wie die meisten Städte im Rheinland ist also auch Koblenz steinalt, das wollte ich nur mal wieder erwähnen.

Nachdem das östliche Reich der Franken im deutschen aufgegangen war, ging Koblenz an die Kurfürsten von Trier, bis es von den Franzosen erobert wurde, die es zur Hauptstadt des kurzlebigen Departements »Rhin-et-Moselle« machten. In ähnlicher Funktion wurde es von den Preußen übernommen, die von dort aus ihre Rheinprovinz verwalteten. Oberhalb der Stadt bauten sie die Festung Ehrenbreitstein zu einer gigantischen Verteidigungsanlage aus, belegten die idyllische Flussmündung mit dem Kneipennamen »Deutsches Eck« und verunzierten sie alsbald mit einem gewaltigen Reiterstandbild.

Auch nach dem Zweiten Weltkrieg brach die militärische Tradition nicht ab. Bis heute ist Koblenz größter Garnisonsstandort in Deutschland und verdankt der Bundeswehr kastenförmige Zweckbauten von beträchtlicher Größe, die allenthalben recht unwirtlich herumstehen.

Der Kabarettist Thomas C. Breuer nannte die Stadt wohl auch deswegen »Bundeshauptstadt der Bausünden«, obwohl man das genauso gut von Köln oder Gießen behaupten könnte.

Allerdings haben die Koblenzer darüber hinaus einen unguten Hang zu hässlichen Einkaufszentren, die sie gern mitten in ihre ansonsten gar nicht mal so hässliche Innenstadt bauen lassen. Betrieben werden sie allesamt vom Shopping-Giganten ECE, der von Sofia bis Vilnius für zahllose dieser übereinandergestapelten Fußgängerzonen verantwortlich ist. Neben dem Koblenzer Bahnhof prangt seit 1984 eines dieser herausragenden Zeugnisse ziviler Bunkerarchitektur: ein verwaschen karmesinroter Koloss namens Löhr-Center, der auf der Fläche eines ausgebombten Artillerie-Depots gebaut wurde, aber nicht wesentlich hübscher aussieht. Neuerdings bastelt man an einem todschicken Riesenaquarium herum, das am Koblenzer Zentralplatz stehen und laut Betreibergesellschaft ECE ein »großartiges Einkaufserlebnis im Herzen der Stadt« bieten soll. Aber landschaftlich ist Koblenz, wie gesagt, wirklich sehr schön.

8 erstaunliche Orte und Anblicke des Rheinlands

* Die illuminierten **Raffinerien** von Wesseling bei Nacht, eine Kulisse wie in einem retrofuturistischen SF-Film.

* Der **Dornheckensee** bei Bonn am frühen Morgen, wenn der Morgennebel die Felswände emporsteigt.

* Die spätsommerliche Abendsonne auf dem rechtsrheinischen Teil des **Rheinhöhenwegs**.

* Die **Ofenkaulen**, ein altes, mehrgeschossiges Stollensystem unter dem Siebengebirge, das im

Zweiten Weltkrieg als unterirdische Betriebsstätte der Rüstungsindustrie diente. Mittlerweile sind aber alle Eingänge verschlossen.

* Das **Rheinufer** an der Autofähre gegenüber dem Arp Museum in Rolandseck. Wenn das Museum in der Abenddämmerung beleuchtet wird, sieht es aus, als lande ein Ufo.

* Das **Kölner Stadtpanorama**, das sich hinter Kerpen auf der A 4 bietet, wenn man von Aachen kommt.

* Die verlassenen Gänge des ehedem geheimen ehemaligen **Regierungsbunkers** im Ahrtal. Besuch nur nach Anmeldung. www.regbu.de

* Den modernistischen **Medienhafen** in Düsseldorf-Unterbilk nach einem langen Abend, denn dann sehen die Gebäude von Frank O. Gehry noch schräger aus.

Mentalität

Warum es den Rheinländer nicht gibt

Und wie man ihm begegnet

Die Soziologie beschreibt Identität als Zusammenspiel von Selbst- und Fremdzuschreibung. Rheinländer ist also, wer von anderen dafür gehalten wird und sich selbst für einen solchen hält.

Blöderweise klaffen Selbst- und Fremdwahrnehmung oft ziemlich weit auseinander:

Ich zum Beispiel spreche mustergültiges Hochdeutsch, wie mir im Rheinland immer wieder bestätigt wird, doch kaum reise ich ein paar Kilometer weiter, wird mir plötzlich ein »rheinischer Singsang« attestiert, den ich selber nie vermutet hätte.

Obwohl ich mich also wegen meines Migrationshintergrundes gar nicht für einen eingefleischten Rheinländer halte, werde ich von Fremden als solcher identifiziert, während rheinische Muttersprachler sagen würden: »*Dä es äwwer nit vung hä.*«

Die Beschreibung durch Dritte hängt eben davon ab, wer da beschreibt. Einen objektiven Standpunkt gibt es nicht, der Beschreibende bildet sich immer selbst im Beschriebenen ab: Während sich ein österreichischer Freund regelmäßig über die für ihn anmaßend direkte und schroffe Art der Rheinländer ärgert, verzweifelt ein Berliner Bekannter an deren konfliktscheuer Kommunikation.

Sie würden nie offen mit ihrer Meinung rausrücken, behauptet er, während der Wiener Gewährsmann die höfliche Eloquenz der relativen Unschärfe vermisst, die er für einen zivilisierten Umgang mit Meinungsverschiedenen als unerlässlich erachtet. Die beiden betrachten das Rheinland mit ihrer jeweils eigenen kulturell geprägten Brille.

Aber wie ist der Rheinländer denn nun? Direkt oder konfliktscheu?

Vermutlich beides, es kommt ganz darauf an, in welchem Kulturkreis Sie nachfragen.

Auch individuelle Werthaltungen beeinflussen die Beschreibungen: Während sich ein mir bekannter Schweizer an der für ihn ungewohnt informellen Art freute, mit der die wichtigen Dinge im Rheinland abends beim Bier geregelt würden, empörte sich ein Kollege aus dem Ruhrgebiet über die »Hinterzimmermentalität«, mit der die Entscheidungen getroffen würden. Hier beschreiben beide immerhin dasselbe Phänomen, kommen aber zu vollkommen verschiedenen Wertungen.

»Den« Rheinländer als solchen zu beschreiben, ist also ein Ding der Unmöglichkeit.

Zumal Rheinländer-Sein nicht gerade abendfüllend ist beziehungsweise von diversen anderen identitätsbildenden Schablonen wie sozialer Herkunft, Bildung, Alter, Freundeskreis oder Kontostand ergänzt, überlagert oder gebrochen werden. Von den höchst individuellen prägenden Lebenserfahrungen ganz zu schweigen.

Wenn Ihnen also jemand vormachen will, er wüsste ganz genau, wie es um »den« Rheinländer bestellt sei, wie diese Brüder da ticken, glauben Sie ihm kein Wort. Er lügt.

Trotzdem wird es immer wieder versucht, besonders von Humorschaffenden.

Dieses Buch stellt da keine Ausnahme dar. *Do maachse nüüss dran.*

Wie vom Rheinländer berichtet wird

Grob gesagt, kann man die Rheinländerbeschreibung in drei Kategorien unterteilen.

Die erste ist affirmativ und wird vor allem vom Rheinländer selbst beziehungsweise für ein vorwiegend rheinisches Publikum betrieben. Darin wird der Rheinländer als leutselig, bauernschlau, heimatverbunden und auf freundliche Art durchtrieben geschildert. Ein Schalk, der wider den Stachel einer humorlosen Obrigkeit löckt. Man kennt das ja. In anderen Regionen werden Schwaben, Ostfriesen oder Sachsen von den jeweils zuständigen Kabarettisten schließlich auf genau dieselbe Art beschrieben.

Durchaus begabte Künstler wie Konrad Beikircher haben einen Großteil ihrer Karrieren darauf verwendet, den Rheinländer als liebenswert anachronistischen Helden in einer ansonsten gleichgeschaltet globalisierten Welt darzustellen.

Das ist hübsch anheimelnd, stimmt aber nicht: Der Rheinländer ist genauso ein Arschloch wie jeder andere auch und das Rheinland liegt nicht gerade hinterm Mond. Außerdem lässt die affirmative Rheinländerbetrachtung die Theodizeefrage außer Acht: Wie kommt all das Böse ins Rheinland, wenn der Rheinländer so gut ist?

Allerdings ist die affirmative Beschreibung auf freundliche Art lustig und am Ende ist niemand beleidigt, was auch mal schön ist. Blöd wird es erst, wenn man den Quatsch wirklich glaubt. Leider neigt der Rheinländer aber genau dazu. Und glauben Sie mir: Der Rheinländer braucht kein Kabarett, um sich selber gut zu finden. Das bekommt er ganz prima alleine hin.

Die zweite Art der Berichterstattung ist konfrontativ. Sie ist nicht weniger klischeebeladen, aber dafür lustiger. Darin wird der Rheinländer als distanzlose, ewig besoffene und erzkorrupte Geißel der Menschheit beschrieben, die prinzipiell allen Lastern der Welt verfallen ist, wenn sie für diese nicht gleich selbst verantwortlich zeichnet.

Begabte Protagonisten dieses Rheinland-Bashings sind Autoren wie der Allround-Misanthrop Dietmar Wischmeyer, der Satiriker Falko Rademacher oder der Kölner Journalist Walter Filz.

Ihnen gilt mein aufrichtigster Dank, sie werden hier dringend gebraucht.

Zur affirmativen Rheinländerbeschreibung verhält sich die konfrontative wie der Satanismus zu den Riten der katholischen Kirche. Er ist deren genaue Verkehrung ins Gegenteil, was ihn bisweilen etwas vorhersehbar macht.

Im besten Fall manifestiert sich in der konfrontativen Rheinländerbetrachtung ein Gemütszustand, den man im Englischen als *tough love* bezeichnet, im schlechtesten Fall ein bedeutungsloser »Gebrauchszynismus« (Harald Schmidt), der durch gar keine Haltung mehr gestützt wird.

In aller Regel sind die schärfsten Kritiker der Elche aber letzten Endes selber welche.

Die dritte Kategorie der Rheinländerbeschreibung ist reines Marketing, der besonders die Stadt Köln zum Opfer gefallen ist, denn die bildet den Markenkern des Rheinlandes und wird deswegen am penetrantesten feilgeboten.

Mittlerweile hat sich eine elend laute kölsche Unterhaltungsindustrie entwickelt, die nichts unversucht lässt, die Domstadt als Ganzjahresballermann und ihre Einwohner als stets spaßbereite Schießbudenfiguren zu vermarkten. Bitte glauben Sie ihnen nicht, Köln ist besser als sein Ruf. Zumindest solange der Karneval nicht ausgebrochen ist, der allerdings umso wütender tobt, je hartnäckiger die kölschen Koberer ihn dem Mob anpreisen.

Zu ihrer Heimat haben diese Verkaufsleiter des *kölschen Jeföhls* ein Verhältnis wie der Creative Director einer Werbeagentur zum Produkt seines besten Kunden: Es muss auf Teufel komm raus verkloppt werden, sonst droht der Gang ins Armenhaus. Alles, was dem Kunden gefallen könnte, wird deswegen hemmungslos mit dem Produkt »Rheinland« verknüpft.

»Wir lieben das Leben, die Liebe und die Lust, wir glauben an den lieben Gott und hab'n noch immer Durst« singen die unvermeidlichen Höhner in ihrem genial-grenzdebilen Megaerfolgssuperhit »Viva Colonia« und reduzieren das Rheinland auf ein katholischen Swingerclub bei zwokommasechs Promill. Dabei ist nicht mal in Köln jeden Tag Karneval. Das haben letztlich sogar die Höhner bemerkt und schnell einige der peinlichsten Reime in der Geschichte kölschen Liedguts hinterhergeschickt: »*Mer sin multikulinarisch – mer sin multikulturell, mer sin in jeder Hinsicht aktuell – auch sexuell!*« Mir ist so was schrecklich unangenehm und ich bin nicht einmal Kölner.

Statt auf altfränkische Gemütlichkeit setzt man jetzt eben ein bisschen mehr auf junges Eventpublikum. Bei Jägermeister hat das ja schließlich auch geklappt.

Und wissen Sie was? Es funktioniert. Die Kölner glauben mittlerweile selber daran.

Da hilft wirklich nur noch Konfrontationstherapie.

Wie man zum Rheinländer wird

Das Rheinland ist ein schmaler Durchgangsraum mit variablen, nur schwer identifizierbaren Grenzen und einer kleinräumigen Geschichte, die darüber hinaus meist von außerrheinischen Mächten dominiert wurde. Anders als etwa im ehemaligen Königreich Sachsen gibt es im Rheinland weder eine historische Ära gemeinschaftlicher Größe, auf die man bequem zurückschauen könnte, um sich seiner selbst zu vergewissern, noch eine eindeutige sprachliche oder kulturelle Abgrenzung gegenüber den Nachbarn, wie sie etwa die slawischsprachigen Sorben für sich beanspruchen können.

Nicht einmal ein eigenes Bundesland hat man dem Rheinländer gegönnt.

Um einen gemeinsamen Bezugsrahmen zu schaffen, musste der Rheinländer wohl oder übel auf die Geografie zurückgreifen. Für den Rheinländer ist also nicht etwa eine gemeinsame, wenn auch reichlich konstruierte ethnische Herkunft wie bei Bayern oder Thüringern, deren Namen sich auf die Stämme der Bajuwaren oder Thuringi beziehen, zum identitätsstiftenden Narrativ geworden, sondern die angenehme Wohnlage in Flussnähe.

Wer am Rhein (zumindest zwischen Düsseldorf und Koblenz) lebt, ist also Rheinländer. Niedrigschwelliger kann man Identität nicht konstruieren. Für den seit Römerzeiten multiethnischen Siedlungsraum entlang der europäischen Hauptverkehrsader Rhein war das eine überlebenswichtig pragmatische Entscheidung.

Schon die Ripuaren sind ja bloß Rheinländer geblieben, weil sie sich kurzerhand zu Römern und die Römer anschließend zu Rheinländern erklärten. Sonst wären sie rausgeflogen und vollends im Dunkel der Geschichte verschwunden. Die rheinische Identität war immer auf Adaptionsfähigkeit angewiesen, man wusste ja nie, wen man noch alles zum Rheinländer machen musste, um hübsch in Ruhe am Fluss wohnen bleiben zu dürfen. Rheinländer-Sein ist also kein Zustand, sondern ein ergebnisoffener Prozess, der schon immer mit Dritten ausgehandelt wurde.

In der Praxis ist das natürlich nicht ganz so einfach. »*Do künnt jo jeder kumme*«, wie man im Rheinland gern sagt. Und natürlich kommt früher oder später jeder ins Rheinland, denn es ist ja – wie gesagt – ein Durchgangsraum.

Deswegen hat der Rheinländer eine Einwanderungspolitik entwickelt, die ein bisschen an die der USA erinnert. Theoretisch steht das Rheinland nämlich jedem offen, aber eben wirklich nur theoretisch, denn die Grenzkontrollen sind die Hölle.

Um tatsächlich zum Rheinländer zu werden, muss man einen schmerzhaften Prozess der Enkulturation überstehen. Walter Filz beschreibt in seinem lesenswert galligen Buch »Der Affe zu Köln« die »Logik des kölnischen Umgangs mit Fremden« als komplizierte Choreografie aus »Hinabstoßen – Runterbeugen – Umarmen – Vereinahmen – Bekümmern«.

Erst, so Filz, würde der Fremde als unzivilisierter Wilder verächtlich gemacht, und erst wenn der Fremde seine inferiore Position akzeptiert habe, würde ihm väterlich auf die Schulter geklopft und am Tresen ein Kölsch bestellt. Der Fremde ist zum *leeve Jung* und damit zum Rheinländer erklärt worden. Anschließend steht er zusammen mit den anderen Rheinländern am Tresen und macht den nächsten Fremden zur Sau. Damit ist der Prozess der rheinischen Enkulturation dann aber auch abgeschlossen.

Gegen diese Darstellung würden nicht nur die Bläck Fööss Einspruch erheben, eine Band, die irgendwo auf halber Strecke zwischen freundlicher Rheinlandaffirmation und knallhartem Stadtmarketing herumrangiert. In ihrer kölschen Version vom barmherzigen Samariter »*Drink doch ene met*« wird der Rheinländer als vorurteilsfreie Lichtgestalt geschildert, die sogar dem Ärmsten gibt, ohne je eine Gegenleistung zu erwarten.

Ja, was denn nun?

Das können Sie selber entscheiden. Was immer Sie vom Rheinland erwarten, wird sich früher oder später erfüllen.

Weiterführende Literatur zum Rheinländer

- Jürgen Becker, Martin Stankowski: **Biotop für Bekloppte. Ein Lesebuch für Immi's und Heimathirsche**
- Jürgen Becker: **Geld allein macht nicht unglücklich. Mit dem Mysterium des rheinischen Kapitalismus aus der Krise**
- Martin Stankowski: **Wir Rheinländer von A bis Z**
- Walter Filz: **Der Affe zu Köln. Oder: Petermanns Rache**
- Falko Rademacher: **Populäre Rheinland-Irrtümer. Ein Lexikon von A–Z**
- Konrad Beikircher: **Wer weiß, wofür et jot es. Der Rheinländer an sich**

Wie man die rheinische Mundart erlernt

Ich bin, wie gesagt, Rheinländer mit Migrationshintergrund, also kein Native Speaker. Bei uns zu Hause wurde kein Kölsch *jeschwaadt*, sondern hochdeutsch berlinert. Mein Vater stammt hörbar aus Berlin und meine Mutter aus dem Fürstentum Lippe, wo sie zu arm sind, um sich einen richtigen Dialekt leisten zu können. Ich dagegen bin im Rheinland geboren und aufgewachsen und habe mir deswegen das jeweils Beste dieser drei sehr unterschiedlichen Kulturen aneignen können: In mir vereint sich die Eloquenz des Ostwestfalen, der Charme des Berliners und der sittliche Ernst des Rheinländers.

Die rheinische Mundart dagegen habe ich im Kindergarten als erste Fremdsprache belegen müssen.

Heute wird in den Kindergärten ja bloß noch Businessenglisch und Mandarin angeboten, aber damals, in den ausgehenden 70ern, sahen die Lehrpläne noch anders aus und bestanden hauptsächlich aus Schleifebinden lernen, auf Bäume klettern und von Bäumen herunterfallen. Mandarinen hatten wir allerdings damals schon. In den Kletterpausen wurden die Verbände gewechselt und Dialekt bei der dicken Frau gepaukt, die mich verarztete.

Die dicke Frau war natürlich Kindergärtnerin und verstand kein Hochdeutsch, sodass wir uns lediglich freundlich zunicken konnten, wenn ich wieder einmal blutend angelaufen kam. Außerdem pflegte sie mich zum Trost derart fest zwischen ihre gewaltigen Brüste zu pressen, dass ich ohnehin nichts hätte hören können. Bis heute verbinde ich mit dem rheinischen Tonfall eine dumpf klaustrophobische, wenn auch irgendwie reizvolle Enge. So ganz falsch liege ich damit nicht, finde ich.

Meine ersten Sprachlehrer in der Grundschule hießen Osman und Gökhan, die hatten zwar auch einen Migrationshintergrund, aber ihre Integration war wesentlich weiter fortgeschritten als meine.

Osman und Gökhan konnten auswendig sämtliche Spieler des FC hersagen und bewiesen größte Hartnäckigkeit beim »Schnörzen« (siehe Seite 197).

Behutsam führten die beiden mich in die Grundlagen des Turko-Rheinischen ein und brachten mir Redensarten wie *Sik d lan, do bess doch bekloppt* oder bilinguale Mundartgedichte wie *Wallah Billah, dein Arsch es lilla* bei und nach einigen Jahren verstand ich sogar, was ich da sagte. Zumindest den rheinischen Teil.

Im Gymnasium wurde dann ohnehin nur noch hochdeutsch gesprochen. Das Rheinische ist, anders als die süddeutschen Mundarten, kein Dialekt, der Bildungs- und Milieugrenzen mühelos überwindet. Intellektuelle mit rheinischem Zungenschlag sind selten, eine Ausnahme ist da beispielsweise der Lyriker Michael Lentz, dessen Dürener Herkunft deutlich herauszuhören ist, wenngleich er alles andere als ein Heimatdichter ist.

Bewürben Sie sich als Wissenschaftler, Feuilletonist oder Konzernchef auf eine Stelle im Rheinland, würde es vermutlich eher für Irritationen sorgen, wenn Sie Ihr Vorstellungsgespräch im breitesten Rheinisch begönnen. Für diese Berufe sind in der Regel keinerlei Mundartkenntnisse erforderlich. Anders sieht es bei Fleischfachverkäuferinnen, Klempnern und Kioskbesitzern aus. Hier ist höchste Mundartkompetenz vonnöten, denn die Kundschaft verlangt es so.

Gern zeigt sich der Kunde im Umgang mit dem Handwerker volksnah und auch der filigranst gebildete Geisteswissenschafter wirft dem Klempner ein paar übel aus dem Rad gebrochene Zeilen Mundart hin, damit der sich ernst und angenommen fühlt. Meist ist jedoch das Gegenteil der Fall, der Arbeitsmann fühlt sich vergackeiert und macht seinem Unmut mit einer Rechnung Luft, die sich gewaschen hat.

Übertreiben Sie es also nicht mit Ihrem Assimilationsdrang und lassen Sie sich Zeit. Das Rheinland werden Sie ohnehin nicht erobern, vielmehr wird es von Ihnen allmählich Besitz ergreifen.

Die für das Alltagsleben notwendigen Kenntnisse werden Sie ganz spielerisch erwerben und langsam wird jener knödelnde Singsang Ihre Sprache färben, bis Sie mit Fug und Recht behaupten können: »*Isch bin ene kölsche Jung, wat willse maache.*«

Vielleicht aber auch nicht.

Man kann im Rheinland nämlich auch glücklich werden, ohne Mundart zu sprechen.

Wie man im Rheinland eine Kneipe besucht

Eine teilnehmende Beobachtung

Wir gehen von folgender Versuchsanordnung aus: Sie befinden sich ohne weitere Vorkenntnisse an der Theke einer Kölner *Veedelskneipe*.

Dass Sie in einer *Veedelskneipe* gelandet sind, erkennen Sie leicht daran, dass alle Gespräche schlagartig verstummt sind und Sie von den übrigen Gästen angestarrt werden wie ein Außerirdischer mit komischer Frisur. In diesen Kneipen sind die Bewohner des Viertels (*Veedels*) nämlich meist unter sich, und das oft schon seit Jahrzehnten in genau derselben Besetzung.

Ein glatzköpfiger Wirt stellt Ihnen ungefragt ein kleines Gläschen mit gelber Flüssigkeit hin, das er im Laufe des Abends alle paar Minuten auswechseln wird, was man der Flüssigkeit aber nicht unbedingt anmerken muss. Neben Ihnen steht ein schnauzbärtiger Herr in Karohemd und Lederweste, der sich lautstark mit einer Zeitung namens »Express« zu unterhalten scheint. Jedenfalls steht er heftig nickend vor dem ausgebreiteten Blatt und deklamiert lautstark die wichtigsten Stellen, während er mit dem Zeigefinger in der Luft herumfuchtelt. In dieser Zeitung wird der gesamte Wissensschatz der Rheinländer aufbewahrt, weswegen sie täglich auswendig gelernt und dann heruntergebetet werden muss.

Bedenken Sie, dass Sie Zeuge eines religiösen Rituals geworden sind, das in seiner Inbrunst den Gebeten orthodoxer Juden an der Klagemauer gleichkommt. Allerdings ist der Ton eine ganze Runde schriller, wehleidiger und hysterischer, oder wie es die Zeitung selber ausdrückt: »tolerant, weltoffen, humorvoll mit einem Schuss Emotionalität«.

Es muss aber gar nicht unbedingt ein Schuss sein, häufig belässt es der humorvolle und tolerante Rheinländer bei einem Faustschlag Emotionalität, falls Sie den Wahrheitsgehalt des »Express« anzweifeln sollten.

Tun Sie das also unter keinen Umständen, denn im »Express« sind die Worte des Herrn aufgeschrieben. Und zwar die des Herrn Neven DuMont, der höher ist als alles Vernünftige. Außerdem lässt er Sie gerade seine Stadt benutzen.

Der Mann in der Lederweste ist übrigens der Taxifahrer, der Sie nach der letzten Runde heimfahren wird, auch wenn Sie ihn auf dem Weg zum Wagen werden stützen müssen. Trotzdem wird er darauf bestehen, immerhin haben Sie Brüderschaft getrunken. Außerdem wird er Ihnen sechs Mal seine Lebensgeschichte erzählen, und zwar in sechs verschiedenen Versionen. Sie dagegen werden kein einziges Wort gesagt haben, aber Sie sind ja auch kein Rheinländer.

Die Taxifahrt endet auch nicht bei Ihnen zu Hause, sondern an einem Ort, den der Fahrer als passend für Sie erachtet hat. So enden Taxifahrten in Köln eigentlich immer.

Auf dem Rentnerbänkchen über Eck hockt ein verstrubbelter Graukopf, von dem sich nicht genau sagen lässt, ob er spricht oder bloß sehr stark speichelt. Auch im Laufe des Abends werden Sie das nicht genau feststellen können, allerdings wird Ihre linke Schulter anschließend ziemlich feucht sein. Feststellen werden Sie hingegen, dass der Greis den ganzen Abend auf Ihren Deckel getrunken hat, aber hallo!

Herzlichen Glückwunsch. Sie haben Bekanntschaft mit einem rheinischen Trinkdämon gemacht, der nur mehr in wenigen, schlecht beleuchteten Eckkneipen der Kölner Vorstädte sein Unwesen treibt. Diese rheinische Version der Vampirlegende wird übrigens in der Schauerballade »*Drink doch ene met*« besungen, in der ein einzelner Trinkdämon eine komplette Festgesellschaft leersaugt, ohne einen Pfennig dafür zu bezahlen.

Am Skattisch in der Fensternische lagert bei Mettbrötchen und Bowle eine Herde rheinischer Matronen, die hier schon seit der Römerzeit heimisch sind. Mit hohen, kreischenden Rufen markieren die Matronen ihr Revier, in das Sie gerade eingedrungen sind. Bestellen Sie beim Wirt umgehend Speise- oder Trankopfer für die Matronen, das wird sie besänftigen, auch wenn sie unentwegt weiterkreischen werden. Bewundern Sie ausgiebig den farbenprächtigen Kopfputz der Matronen.

Sie alle »haben die Haare schön«, wie man im Rheinland sagt. Doch Obacht. Die scharfkantigen Betonfrisuren der bis zu fünf Tonnen schweren Weibchen können als wirksame Waffen eingesetzt werden. Vermeiden Sie hektische Bewegungen und drehen Sie der Leitkuh niemals den Rücken zu.

Wenn Sie Glück haben, wird auch noch ein Rudel Junggesellen die Tränke aufsuchen, deren hässlichster am nächsten Tag verheiratet werden soll.

Im Rheinland ist es Brauch, die Betroffenen am Abend vor der Eheschließung öffentlich zu verspotten. Dies wird euphemistisch als »Junggesellenabschied« bezeichnet, ist aber nach der Haager Landkriegsordnung als herabwürdigende Behandlung beziehungsweise Folter verboten. Dennoch wird der archaische Brauch noch immer in einigen abgelegenen Gebieten Waziristans und eben im Rheinland betrieben, ohne dass die Nato eingreifen würde.

Um den zukünftigen Bräutigam zu demütigen, haben ihn seine vormaligen Freunde, die ihn nach dieser Nacht verstoßen werden, betrunken gemacht und in alberne Kleidung gezwängt. Beliebt sind Hasenkostüme, Pimmelverkleidungen oder Frauenkleidung, die als größte Schande gilt. Außerdem wird er gezwungen, wertvollen Besitz zu veräußern, um die schändliche Orgie zu finanzieren. In diesen Habseligkeiten sind oft kleine Zettel mit verzweifelten Hilferufen versteckt, die vom Leid des Opfers künden.

Widerstehen Sie dennoch der Versuchung, eines dieser beklagenswerten Geschöpfe im Kofferraum Ihres Wagens außer Landes zu schmuggeln. Das ist nichts für Amateure. Mittlerweile gibt es professionelle Hilfsvereine, die Opfer von Junggesellenabschieden entwurmen, psychologisch betreuen und mit einer neuen Identität ausstatten.

Im Rheinland werden Ehen übrigens von Brauhäusern arrangiert, die sich damit verbrauchter Kunden zu entledigen versuchen, die den hohen Zechanforderungen nicht mehr gewachsen sind. Nach Vollzug der Ehe werden die Paare in Doppelhaushälften gehalten und müssen für den Rest ihres Lebens Musicals besuchen.

Kurz bevor der Wirt das Einstellen aller Servicetätigkeiten anzuzeigen beginnt, indem er dreimal hintereinander mit der Schrotflinte in die Decke schießt, wird womöglich eine weitere Gattung aus der rheinischen Fauna das Lokal zu beweiden versuchen. Auch diese Art tritt, wie generell im Rheinland üblich, im Rudel auf. Da es sich bei Kölner Medienschaffenden aber hauptsächlich um Jungtiere handelt, spricht man wie beim Tümmler von einer »Schule«. Hat man indes mehr als zehn Exemplare zu gewärtigen, muss von einem »Schwarm« gesprochen und unverzüglich das Weite gesucht werden. Während Medienschaffende als einzelne Exemplare mit ihren absonderlichen Frisuren, den dicken Brillen und dem aufgeregten Gebaren durchaus putzig anzuschauen sind, können sie im Schwarm regelrecht zur Landplage werden. In kürzester Zeit können die flinken Quälgeister ein voll besetztes Gasthaus leertwittern. Sämtliche Objekte des Interieurs, aber auch die übrigen Gäste werden fotografiert, für »retro« erklärt, mit lustigen Kommentaren versehen und ins Netz hochgeladen, was unweigerlich weitere Medienschaffende anlocken wird. Das Lokal selber wird zu einer »abgefahrenen Location« erklärt, in der man mal was machen müsste. Dies geschieht aber glücklicherweise so gut wie nie.

Um der Plage Herr zu werden, sind erfahrene Wirte dazu übergegangen, in ihren Kneipen Internetfallen aufzustellen, die genauso funktionieren wie ordinäre Klebfallen, bloß eben mit WLAN statt mit Kleber. Sobald die empfindlichen Landsäuger das Signal geortet haben, verfallen sie hinter ihren Laptops in Duldungsstarre und hängen schließlich in dicken Trauben am Router, wo sie vom Personal abgesammelt und zurück in den eigens eingerichteten Media-Park gebracht werden können.

Wie man mit dem Rheinländer kommuniziert

Das Rheinländertum ist ein komplexes Gebilde, dem nicht leicht beizukommen ist. Mit einem einfachen Trick ist es dennoch möglich, dem rheinischen Wesen auch ohne Vorerfahrungen auf die Schliche zu kommen. Stellen Sie sich einfach einen etwas distanzierten, aber verbindlichen Hanseaten mit guten Manieren vor, der seine Worte stets wohl abwägt und seine Gesprächspartner zu Wort kommen lässt. Verkehren Sie dieses Bild dann ins genaue Gegenteil. Und voilà: Sie haben sich einen imaginären Rheinländer gebastelt.

1. Kontaktaufnahme

Die Kontaktaufnahme mit dem Rheinländer oder der Rheinländerin ist denkbar einfach zu bewerkstelligen. Es genügt die bloße physische Anwesenheit Ihrer Person. Mehr wird nicht erwartet beziehungsweise gar nicht geduldet.

2. Das Gespräch

Als die Wissenschaft Kommunikation als Übertragung einer Nachricht von einem Sender zu einem Empfänger definierte, hat sie diese Rechnung ohne den Rheinländer gemacht. Rheinische Kommunikation kommt nämlich vollkommen ohne Empfänger aus, weil dem Rheinländer die technischen Vorraussetzungen dazu fehlen. Er hat weder ein Empfangsgerät noch einen Knopf zum Ausschalten, dafür hält die Batterie des Senders aber ziemlich lange.

Insofern ist der Werbespruch »Kölner lassen keinen allein«, den sich die dortigen Verkehrsbetriebe einmal als Reklame für Zivilcourage hatten einfallen lassen, als ernst gemeinte Drohung zu verstehen. Trotz begrenzter Reichweite und noch begrenzterem Repertoire besitzt der Rheinländer von Geburt an die Lizenz für ein 24-stündiges Vollprogramm ohne jeden Bildungsauftrag, das mündlich an den Mann gebracht werden muss. Da bleibt natürlich wenig Zeit für anderes.

Der Rheinländer haut heraus, was ihm gerade im Kopf herumkrautet. Wie ein Pelikan, der den ganzen Tag Fische aus dem Meer geangelt hat, trägt der Rheinländer den Schnabelsack voller Anekdötchen, Beobachtungen, Krankengeschichten und sonstiger vertraulicher Informationen mit sich herum, die dringend in die Welt hinausposaunt werden müssen, weil dieser Schnabelsack persönlicher Weltbetrachtung sonst platzen würde.

Hat der Rheinländer ein trockenes Plätzchen gefunden, zum Beispiel im Wartezimmer auf dem Platz neben Ihnen, tut er den Schnabel auf und würgt liebevoll Halbverdautes hervor. Ob diese Informationshäppchen wirklich für fremde Ohren geeignet sind, ist ihm dabei vollkommen wurscht. Der Skandal um die Veröffentlichungen auf Wikileaks ist im Rheinland deswegen gar nicht verstanden worden. Hierzulande gilt es als vollkommen normal, Wildfremden ungebeten Bettgeschichten der Nachbarn oder die eigene Finanzmisere auf die Nase zu binden. Allerdings bleibt das Gesagte meist folgenlos, weil ja wieder kein Empfänger zugeschaltet war.

Das Verb »reden« wird im rheinischen Dialekt *schwaden* genannt und genauso klingt es auch. Wie alter Tabakdunst bleibt das *Geschwadete* in der Luft stehen, kann aber wesentlich gravierendere Gesundheitsschäden hervorrufen, wenn es sich im Hirn der *Passivschwader* absetzt, wo es sofort zähe, schwarze Placken, die sogenannten *Schwaderlappen*, bildet.

3. Was tun bei Kommunikationsbefall?

Hat sich der Rheinländer erfolgreich an seinem Gesprächsopfer *festgeschwadet*, kann er nur noch operativ entfernt werden. Oftmals sieht man ahnungslose Rheinlandreisende, wie sie den *schwadenden* Rheinländer mit Klebstoff oder Öl zu beträufeln versuchen, damit er von ihnen abfällt. Dies wird aber nicht gelingen, sondern führt nur dazu, dass die Kommunikationsporen des Rheinländers verstopfen, was ihn unweigerlich zum Platzen bringen wird.

Packen Sie den Rheinländer stattdessen beherzt an Armen und Beinen, heben Sie ihn in die Waagerechte und drehen Sie ihn im Uhrzeigersinn aus dem Wirt heraus. Dabei ist zu beachten, dass die Mundwerkzeuge des Rheinländers nicht im Opfer stecken bleiben.

4. Wirksame Gegenmaßnahmen

a) Tarnung

Erfahrene Rheinlandreisende führen stets eine Schaufensterpuppe mit integrierter Nickfunktion im Handgepäck mit sich, die einen Großteil der Kommunikation abfangen kann. Im Notfall reicht aber auch ein Strohsack mit aufgemaltem Gesicht. Diese *Nubbel* genannten Geschöpfe werden im Rheinland nicht nur als Gesprächspartner, sondern während des Karnevals auch als moralische Instanz geschätzt.

b) **Gegenangriff**
Einmal unter den Beschuss rheinischen *Geschwaders* gekommen, sollten Sie ohne Umschweife zum Gegenangriff übergehen, auch wenn das zunächst grausam klingt. Denn wer nicht sofort zurücklabert, hat schon verloren.

Übung für Fortgeschrittene

Steigen Sie am späten Nachmittag in die Linie 16 zwischen Hersel und Uedorf und sprechen Sie einen der zahlreichen Rentner, die Sie leicht an den beigefarbenen Windjacken erkennen können, mit den Worten »*Ming Schwaacher hätt uch Krepps*« (»Mein Schwager ist ebenfalls krebskrank«) an. Dies gilt als unverfänglicher Gesprächsauftakt und wird unverzüglich mit Gegeninformationen zu vielfältigen Themengebieten wie Wetter, Politik oder Sport beantwortet werden. Sie werden sehen, wie schnell Sie in ein interessantes wie surreales Happening verwickelt werden, an dem auch Samuel Beckett seine helle Freude gehabt hätte.

Bald werden alle Rentner die Häupter recken und munter durcheinander keckern wie eine Kolonie beigegrauer Pinguine bei der Fütterung. Sobald Sie jedoch aussteigen, werden die putzigen Gesellen ihre Köpfe wieder schweigend ins Gefieder stecken. Ein fantastisches Naturschauspiel auch für den kleinen Geldbeutel (Einzelfahrt für 2,50 Euro).

Die Gegenfrage

Fällt dem Rheinländer ausnahmsweise nichts ein oder fühlt er sich aus sozialen Gründen gezwungen, Interesse an seinem Gesprächspartner zu heucheln, hat er die Möglichkeit, mit wahllosen Gegenfragen einen Gesprächsfluss zu simulieren. Diese Form der Scheinkommunikation findet man vor allem bei Strafgefangenen, Comedyduos oder Ehepaaren vor, die damit die Zeit ihrer Zwangsgemeinschaft zu verkürzen suchen. Der hier angerissene Beispieldialog wurde in den Jahren 1973–86 vom Ehepaar Fritz und Helma Hartmann aus Köln-Sülz geführt und gilt als einer der längsten Dialoge, die je über ein undichtes Küchenfenster geführt wurden. Er entspann sich ob der Bemerkung der am Tisch sitzenden Helma Hartmann, dass es von hinten doch arg zöge.

Sie: »*Isch mein, et wör am trecke von hinge.*«
Er: »*Am trecke?*«
Sie: »*Joh, dat.*«
Er: »*Vun hinge?*«
Sie: »*Joh, dat.*«
Er: »*Meense?*«
Sie: »*Isch mein: Joh.*«
Er: »*Dat et am trecke wör?*«
Sie: »*Joh, joh.*«
Er: »*Vun hinge?*«

Und so fort. Der Dialog endete am 17. Dezember 1986 mit den Worten »*Normal mööt dat äwwer nit am trecke sing*« und dem abrupten Tod ihres Sprechers Fritz Hartmann aufgrund von Unterkühlung. Daraufhin beschrieb Helma Hartmann wortreich den eingewachsenen Zehennagel ihrer Schwester und zog anschließend einen Handwerker für das Küchenfenster und dann einen Bestatter für ihren Mann zurate. In übrigens exakt dieser Reihenfolge.

Die rheinische Königsdisziplin – der Monolog

Wie wir gesehen haben, wird Kommunikation im Rheinland vor allem als Aufforderung zum Monolog verstanden. Der Rheinische Monolog folgt dabei weniger dem Modell Shakespeares, bei dem er die Haupthandlung einzuleiten pflegt, sondern dem Modell der Büttenrede, die lediglich eine Pinkelpause anzeigt.

Man stellt sich zum Monolog an möglichst prominenter Stelle auf und verquirlt Aufgeschnapptes mit Selbsterlebtem oder Erfundenem, würzt es mit ein paar gut abgehangenen Vorurteilen und uralten Pointen und kommt zu einem möglichst sentimentalen Schluss, während das Publikum im Saal ein neues Kölsch bestellt, der Sitznachbarin schöne Augen macht oder Pipi machen geht. Am Ende folgt ein Tusch und dann ist der Nächste dran. Falls Sie bisher weder einem rheinischen Thekengespräch noch einer Büttenrede lauschen durften, lesen Sie dieses Buch zu Ende, es folgt denselben ehernen Grundsätzen.

Diesseits der Benrather Linie

Die rheinischen Dialekte

Kölsch

Gilt das Schweizerdeutsche als niedlichstes Hundewelpli unter den deutschsprachigen Dialekten, wird das kölsche Idiom allgemein eher als triefäugige Töle angesehen, die sich unentwegt selbst an den Eiern leckt. Durchaus lustig anzuschauen also, aber man will sie nicht unbedingt im Haus haben. Diesem Bild am nächsten kommt wohl das Brühler Gesamtkunstwerk Rainer Calmund, obwohl der wahrscheinlich viel zu dick ist, um ... Aber lassen wir das.

Der ehemalige Fußballfunktionär und heutige Talkshowbewohner Calmund ist für die übrigen Deutschen heutzutage das, was ihnen früher Konrad Adenauer gewesen ist: das bekannteste Aushängeschild rheinisch-kölscher Mundart, die Zunge des Rheinlandes. Das Kölsche hatte also auch schon mal soigniertere Werbeträger.

Der Sprachkurs »Lernt Rheinisch mit dem Bundeskanzler«, den die Journalisten Karl-Heinz Wocker und Claus Heinrich Meyer 1963 aus Originalschnipseln

Adenauer'scher Reden zusammengebaut hatten, erfreute sich damals großer Beliebtheit und führte seine Hörer in die Nuancen des »Emotional-Rheinischen und Kommuniqué-Rheinischen« ein, während heutige Sprachinteressierte mit der Eins-live-Comedy »Frittieren mit Calmund« vorliebnehmen müssen, in der Nuancen überhaupt gar nicht vorgesehen sind.

Mittlerweile taugt das kölsche Rheinisch dem breiten Publikum bloß noch als Feier- und Stimmungsdialekt, den man lieber nicht mit Führungsaufgaben betrauen mag. Als einziger Politiker von überregionaler Bedeutung fällt höchstens noch Wolfgang Bosbach (CDU) auf, der seine Interviews mit einem herzhaft hingeraunzten »*Jotentach!*« zu beginnen pflegt. Kanzler wird der gebürtige Bergisch Gladbacher aber nicht mehr.

Wenn Kölsch sich heute um eine Rolle in einer romantischen Liebeskomödie bewürbe, würde es als Funny Sidekick des Hauptdarstellers besetzt werden: als dicker Junge, der von niemandem ernst genommen wird, weil er am liebsten über Furzwitze lacht. So klingt Kölsch. Zumindest in den Ohren der Nichtkölner.

Der Kölner selbst hält seinen zentralripuarischen Dialekt dagegen für die Vollendung alles Sprachlichen, gewissermaßen für die Sixtinische Kapelle unter den Regionalsprachen, obwohl er im Grunde genommen nur aus Schimpfworten besteht. Oder aus Worten, die zu solchen werden, sobald der Kölner sie in den Mund genommen hat. Man weiß das beim Kölner nie so genau, hält er doch eine schier endlose Reihe spielerischer Beleidigungen parat, die dem Gesprächspartner um die Ohren gehauen werden, während ihm gleichzeitig freundlich auf die Schuler geklopft wird. *Do schöne Fiffi* ist eine der Bekanntesten, aber auch unschuldige Wörter wie *Schwemmbotz* (Badehose) oder *Tütschipps* (Tüte

Chips) missbraucht der Kölner als Invektiven der eher surrealen Art. Als Faustregel für Ortsfremde gilt: Man kann und wird in Köln mit jedem beliebigen Hauptwort beleidigt werden und merkt es nur daran, dass man danach auf ein Kölsch eingeladen wird. Nun ja. Es gibt Schlimmeres, Berliner zum Beispiel. Aber das ist Gott sei Dank ein anderes Thema.

Berühmte Sprecher: Konrad Adenauer und andere Büttenredner.

Bönnsch

Was soll man von Leuten erwarten, die ihr Dorf ernsthaft »Bundesstadt« nennen? Nun, die Bonner sind Dörfler, die gerne Großstadt spielen, und so sprechen sie auch. Ursprünglich haben die Bonner ganz einfach eine weichere und vokallastigere Variante des Kölschen gesprochen, in der sich noch in kurkölnischer Zeit mittelhochdeutsche und germanische Worte getummelt haben müssen. Denn einerseits renommiert der Bonner wahnsinnig gern mit seiner ellenlangen Stadtgeschichte, die sich vor allem durch 2.000-jährige Ereignislosigkeit auszeichnet, und andererseits ist er zu *kniessbüjjelisch, für jet fottzuschmiesse*, also zu geizig, um etwas wegzuwerfen.

Es würde mich also nicht wundern, wenn in einem der verwunschenen Dörfer, aus denen die vergebliche Großstadt Bonn zusammengebastelt wurde, noch irgendwo ein paar alte Säcke auf dem Rentnerbänkchen hocken und ein spätantikes Latein mit einem kräftigen rheinischen Akzent sprechen.

Während der kurzen Episode als Hauptstadt zog zudem allerlei Beamtenvolk von fremden Gestaden zu und brachte fremde Gebräuche (Protestantismus) und seltsame Sprachen (Hochdeutsch) mit, die langsam, aber sicher ins kulturelle Gedächtnis der Stadt einsickerten.

Berühmte Sprecher: Ein Südtiroler, der zum Berufsrheinländer wurde: Konrad Beikircher.

Vorgebirgsplatt

Der Osthang der Ville wird »Vorgebirge« genannt, obwohl dahinter gar kein richtiges Gebirge, sondern bloß die bewaldeten Hügel der Eifel dräuen. Besucher des Rheinlandes kennen das Vorgebirge höchstens als vermeintlich menschenleeren Transitraum zwischen Bonn und Köln, über dessen Kohlfeldern immer ein Dunst von ranzigem Eintopf liegt, jedenfalls bis man nach Wesseling kommt, wo es viel raffinierter riecht, nämlich nach Petroleum.

Dass sich auf dem Höhenzug der Ville aber wichtelartige Einwohner mit großen, haarigen Füßen verbergen, ist weithin unbekannt, und zwar vor allem, weil es nicht stimmt. Vielmehr handelt es sich bei den Bewohnern um schratartige Lebewesen mit riesigen, schaufelförmigen Händen, die sich hauptsächlich bei Erd- und Schanzarbeiten vergnügen, wenn sie nicht gerade – hierbei den Eifelern nicht unähnlich – mit dem Verklinkern ihrer Häuser beschäftigt sind.

Für Fremde ist der Dialekt des *Vüürjebirchs* kaum verständlich, und als fremd gelten alle, die entweder in unverklinkerten Häusern wohnen oder keinen Kohl zum Frühstück essen wollen. In erster Linie klingt der Dialekt des *Vüürjebirchs* nach Kraut und Rüben.

Kraut und Rüben sind ferner nicht nur die wichtigsten Exportartikel, sondern auch Zahlungsmittel und die beiden Hauptgottheiten des kleinen Landstriches, der sich mit seinen Industriebrachen und Reihenhaussiedlungen zum schnellen Durchfahren eignet wie kaum ein zweiter.

Die Sprache des *Vüürjebirchs* kennt über 80 verschiedene Bezeichnungen für den Kohlkopf, macht aber schon beim Erklären der Stringtheorie schlapp. Auch als Programmiersprache ist der altertümliche Dialekt kaum zu verwenden. Berühmt ist das Vorgebirgsplatt jedoch für sein dumpf grollendes R, das tief hinten im Rachenraum gerollt werden muss, wenn auch nicht zwangsläufig im eigenen. Einmal im Jahr wird das R unter großem Jubel des Volkes vom höchsten Berg des Vorgebirges zu Tale gerollt.

Das *Vüürjebirch* wird von anderthalb Großstädten bedrängt: im Norden von der Großstadt Köln und im Süden von der halben Portion Bonn, deren Speckgürtel immer weiter über die städtischen Hosenbünde lappen, sodass die Sprachinsel des Vorgebirges immer kleiner zu werden droht. Die Einwohner der Nachbarstädte Bonn und Köln gelten deswegen nicht als Fremde, sondern als Feinde.

Berühmte Sprecher: Erfahrene Sprecher kann man in dem sehr schönen Dokumentarfilm »Durchfahrtsland« von Alexandra Sell besichtigen. Dort wird außerdem die Fehde zwischen den Ortschaften Rösberg und Hemmerich endlich auch einmal einem größeren Publikum erklärt.

Düsseldorfer Platt

Direkt hinter der Benrather Linie hat sich der Düsseldorfer sprachlich verschanzt und sondert einen niederdeutschen Dialekt mit stark nordmittelfränkischem (ripuarischen) Einschlag ab.

Oder umgekehrt. Er kann sich das nämlich aussuchen: Der Düsseldorfer ist von Geburt an quasi bilingual. Steht er nördlich der Linie im Stadtteil Benrath, spricht er niederdeutsch und sagt »Appel«, geht er einen Schritt weiter, muss er »Apfel« sagen, weil er in den hochdeutschen Sprachraum eingedrungen ist. So verbringt der Düsseldorfer seine Tage, wenn er nicht gerade auf Modenschauen geht oder Alt braut. So viel sprachliche Weltläufigkeit ist dem Zentralrheinländer, besonders dem Kölner, natürlich suspekt, deswegen versucht er den Düsseldorfer mit einem einfachen Trick als Norddeutschen zu entlarven: »*Sach mal Pittermännsche, do Höppemötzje!*«

In Ausübung des ortsüblichen Diminutivs müsste der Düsseldorfer jetzt aber »*Pittermänneken*« sagen, ganz wie der Stuttgarter »*Pittermännle*« sagen würde. In der Praxis scheitert dieser Test aber daran, dass ein Düsseldorfer das Wort nie in den Mund nehmen würde, immerhin handelt es sich dabei um die Bezeichnung eines Kölschfasses. Dennoch hat der Kölner in diesem einen Fall recht: Der Düsseldorfer Dialekt ist eine tendenziell niederdeutsche Angelegenheit. »In der Sprache der Düsseldorfer merkt man schon einen Übergang in das Froschgequake der holländischen Sümpfe«, bemerkte Heinrich Heine. Und der war bekanntlich selber Düsseldorfer.

Berühmte Sprecher: Die beiden Josephe Beuys und Goebbels. Zwar stammen beide so richtig vom Niederrhein, also von jenseits der Benrather Linie, doch mischt sich bei ihnen munter das Ripuarische mit dem Niederrheinischen.

Öcher Platt

Nicht nur die mundartliche Bezeichnung der Stadt Aachen, also *Oche*, klingt nach einem hartnäckigen Reizhusten, auch der Dialekt selbst wird von Reisenden immer wieder mit einer schweren Erkältung verwechselt, weswegen kaum jemand die schmucke Stadt am Nordrand der Eifel besuchen mag, obwohl es dort sehr schön sein kann, wenn man die Augen schließt.

Dabei besticht das *Öcher Platt* durch eine kratzige Kopfnote, die von den kalten Winden der Ardennen geformt wurde, einen teigigen Körper von exquisiter Bräsigkeit, der an das Frittenfett des nahen Belgiens gemahnt, und einen torfigen Abgang, der auf die nahe gelegenen Moore des Hohen Venns verweist.

Berühmte Sprecher: Die ehemalige Gesundheitsministerin Ulla Schmidt, die den *Öcher Dialekt* mit einer reizvollen Schnappatmung und chronischen Polypen zu moribunder Prachtentfaltung brachte.

Eifeler Platt

Das Eifeler Platt ist keine Sprache im eigentlichen Sinne, sondern ein komplexes System verschiedenster Pfeif- und Klicklaute, mit denen der Eifeler nicht nur einfache Botschaften übermitteln, sondern auch nach Fledermausart durch das lichtlose Unterholz seiner Wälder navigieren kann.

Da einige Eifeler Stämme jedoch seit Kürzerem mit der Zivilisation in Konflikt geraten sind, gerät das heimische Idiom immer mehr ins Hintertreffen und wird einerseits durch GPS, andererseits aber durch ein wirres Patois ersetzt, das weder der Eifeler selber noch der Fremde so recht versteht.

Dieses Patois wird ohnehin nur für gelegentliche Zimmervermietungen oder Raubüberfälle auf einsame Wanderer benutzt, meist sogar in dieser Reihenfolge.

Außerdem hält der Eifeler regelmäßig Märkte ab, die häufig fälschlicherweise als »Mittelaltermärkte« bezeichnet werden, obwohl gar niemand verkleidet ist. Dort tauscht der Eifeler das Feuerwasser und die Glasperlen der Fremden gegen Feuerwasser und Glasperlen aus eigener Produktion und deckt sich überdies mit Kacheln zum Klinkern seiner Behausungen ein.

An weitergehender Kommunikation mit Fremden ist der Eifeler nicht interessiert. Sind die Eifeler unter sich, benutzen sie auch Telepathie, Rohrpost oder ein allerfeinst ziseliertes Hochdeutsch zur Kommunikation. Deswegen wird allgemein angenommen, dass Thomas Mann seine »Buddenbrooks« einem Eifeler Thekengespräch abgelauscht hat, in dem die Fährnisse eines bekannten Pilzsuchergeschlechtes aus Mayen besprochen wurden. Zumindest wird das in der Eifel allgemein angenommen.

In Luxemburg ist eine besonders kehlig gebellte Abart der Eifeler Mundart zur Amtssprache erhoben worden. Dieses *Letzeburgisch* wird allerdings nur benutzt, um Touristen zu beschimpfen oder die Übersetzer im EU-Parlament in den Wahnsinn zu treiben. Wenn der Luxemburger sich unterhalten will, spricht er lieber französisch, das klingt schicker.

Berühmte Sprecher: Andrea Nahles (SPD) spricht zwar meist langweiliges Hochdeutsch, sagt aber gelegentlich »Fleich« statt »Fleisch« oder »trei« statt »drei« und verrät sich damit als Eifelerin.

Kowelenzer Platt

Sind die bekannten rheinischen Dialekte wie Kölsch oder das Düsseldorfer Platt unter dem reichlichen Einfluss obergäriger Biere entstanden, ist dem *Kowelenzer Platt* die jahrtausendelange Anwendung lieblicher Moselweine anzumerken, die dem Koblenzer die Zunge verklebt und als weitgehend bewegungsunfähigen Lappen in den

Mundraum gepappt haben. Deswegen wird das Koblenzische den moselfränkischen Mundarten zugerechnet. Das *Kowelenzer Platt* zeichnet sich durch eine besondere Vorliebe für breite Laute und eine starke Verlängerung der Lautdauer aus, die eine simple Unterhaltung schon mal auf mehrere Wochen ausdehnen kann, wenn nur genug Vokale darin vorkommen. Wenn nicht, erfindet der Koblenzer einfach welche dazu: das Du wird bei ihm zu *Dau*, die Birne zur *Biere*. *Kowelenzer Platt* kann eigentlich jeder sprechen, der sich schon mal bekifft eine ganze Banane quer in den Mund geschoben hat oder in direkter Linie von einem Breitmaulfrosch abstammt.

Auch die Lautverschiebungen des Koblenzer Dialektes sind variabel, sie unterscheiden sich nicht nur von Stadtteil zu Stadtteil, sondern auch nach Tageszeit oder Tagesform des Sprechers.

Doch Obacht: Nach 22 Uhr sind Lautverschiebungen in Wohngebieten auch in Koblenz grundsätzlich untersagt.

Berühmte Sprecher: Ruuuuuuudolf Schaaaaaarping, falls sich noch jemand an den erinnert. Der stammt zwar aus dem benachbarten Westerwald, muss aber wegen seiner grandios monotonen Sprechlage und Dehnbarkeit seiner Vokale zum Koblenzer ehrenhalber erklärt werden.

Turko-Rheinisch

Das Turko-Rheinische, das Verwandtheit mit dem Kosovo-Kölsch, dem Balaton-Bönnsch oder dem Indo-Öcher Platt aufweist, ist ein recht farbenprächtiges Idiom, das die schunkelnde Grundmelodie des Rheinischen mit den verspielten Arabesken des Türkischen veredelt.

Ursprünglich an den Bändern der Kölner Ford- oder Leverkusener Bayerwerke entstanden, hat es sich mittlerweile in Vierteln wie dem Kölner Eigelstein oder Aachens Rother Erde zur Lingua franca gemausert und gilt dort als führende Literatursprache.

Wie in den meisten orientalischen Sprachen werden auch im Turko-Rheinischen Artikel und Präpositionen durch die Endung des jeweiligen Hauptwortes angezeigt. Allerdings gibt es im Turko-Rheinischen nur eine einzige solche Endung, das *ey*. Diese wird der Einfachheit halber ans Ende des Satzes gehängt. In dem Satz: »*Isch geh Jugendzentrum, ey*« bedeutet das angehängte *ey* zweifellos »in das«, während im Beispielsatz »*Isch mach disch Friedhof, ey*« mit dem angehängten *ey* nicht nur die Präposition (»auf«), sondern auch ein veritabler Konsekutivsatz und eine ebenso veritable Drohung ausgedrückt werden kann. Effektiver kann man Sprache nicht gestalten.

Berühmte Sprecher: Alle in der Linie S11 nach Chorweiler. Und deren Cousins.

Brauchtum

Wie man im Rheinland kocht

»Mit ein bisschen Fett geht alles«
Josef Beuys

Die Küche des Rheinlandes ist in der Regel bodenständig, in jedem Fall aber sättigend. »Mit ein bisschen Fett geht alles« ist nämlich nicht nur das Motto des Künstlers Josef Beuys, sondern auch Geschäftsgrundlage rheinischen Köchelns und Brutzelns.

Dennoch ist das bekannteste Gericht des Landes ein schlichtes Käsebrot, das *Halver Hahn* genannt wird und weiter wirklich nicht erwähnenswert ist. Es ist halt ein Käsebrot mit einem seltsamen Namen.

Als derzeit bekanntester Koch gilt indes nicht der Mann mit der Fettecke, sondern der schnauzbärtige Fernsehonkel Horst Lichter, der im Supermarkt von allerlei Tütensuppen grüßt und mittlerweile lieber im Schwarzwald wohnt.

Das aber hat selbst die etwas schwerblütige rheinische Küche nicht verdient, die mit ihren dicken Soßen und verkochten Gemüsen noch immer mehr als einen Hauch Wirtschaftswunderatmosphäre auszudampfen versteht. An der Küche liegt es jedenfalls nicht, dass man Köln die nördlichste Stadt Italiens nennt. Die Bezeichnung »westlichste Kantine des

Ostblocks« wäre aber auch nicht viel passender, denn dieser Titel gebührt eher der Küche Westfalens. In der rheinischen Traditionsküche gibt es wenigstens Gewürze, das verdankt man den weitreichenden Handelsbeziehungen auf dem Fluss.

Empfehlenswert sind denn auch die Schmorfleischgerichte mit Lebkuchensoße oder der mit Wacholder und Lorbeer marinierte Rheinische Sauerbraten, der bisweilen noch ganz traditionell aus ausrangiertem Pferd gewonnen wird, was wiederum nicht jedermanns Sache ist.

Rievkooche sind Reibekuchen, die aus sehr viel Fett und etwas geriebener Kartoffel bestehen und meist auf der Kirmes verkauft werden, um dort Trunkenheitssymptome abzumildern. Nüchtern sind sie zwar ebenfalls essbar, aber es macht weniger Spaß.

Tipp: Stecken Sie einen Docht in übrig gebliebene *Rievkooche* und benutzen Sie diese als langlebige Talgkerzen.

Gern werden die Reibekuchen auch mit Apfelmus oder einem zähen Sirup bestrichen, der aus Zuckerrüben gewonnen wird. Er sieht aus wie der britische Hefeextrakt »Marmite«, ist aber deutlich leckerer und viel süßer, sodass man schon vom Hingucken Karies bekommt. Dieses »Grafschafter Goldsaft« genannte schwarze Gold Meckenheims wird manchmal auch zum Teeren von Straßen verwendet.

Ein kastenförmiger Verwandter des Reibekuchens ist der *Döppekooche*, der auch als *Kesselsknall* oder *Uhles* bekannt ist. Die Kartoffeln werden gerieben und mit Ei und gehackter Zwiebel zu einem festen Quader verbacken, der für mehrere Jahre satt macht.

Flönz dagegen ist die kölsche Bezeichnung für Blutwurst, die im Rheinland lediglich gekocht und manchmal ganz schwach geräuchert wird: Deswegen ist die *Flönz* von puddingweicher Konsistenz, was neben dem geronnenen Blut und den dicken Speckstücken eine zusätzliche Schikane darstellt und die *Flönz* zu einer der weltweit unbeliebtesten Würste macht, wenn man westfälische Grützwurst mal außer Acht lässt. Darauf sind die Kölner verständlicherweise sehr stolz.

Auf ein Roggenbrötchen (*Röggelchen*) verbracht, zerfällt die *Flönz* zu einer bröckelig-cremigen Masse, weswegen sie auch Kölscher Kaviar genannt wird. Wie andere Gerichte von extravaganter Textur wie Sülze, Kutteln oder Regenwurm führt auch die *Flönz* ein Dasein als kulinarische Mutprobe. Als Beilage zu gebratenen Blutwurstscheiben wird *Himmel un Ääd* gereicht, ein warmes Kompott aus gekochten und gewürfelten Kartoffeln und Äpfeln.

Sogar für Weißwein hat man im bierseligen Rheinland eine Verwendung gefunden. Man kippt ihn über Miesmuscheln. Ein wenig Gemüse dazu und fertig sind die Muscheln Rheinischer Art.

Am südlichen Rand des Rheinlandes, wo die Ahr bei Sinzig in den Rhein mündet, wird das Interesse am Wein deutlich größer. Auf den Schieferverwitterungsböden des engen Tals zwischen Altenahr und Marienthal, in der Nähe von Bad Neuenahr-Ahrweiler, werden hauptsächlich rote Rebsorten angebaut, die wegen des mediterran anmutenden Mikroklimas und der erwähnten Böden mineralische und feinfruchtige Weine von geringer Säure ergeben. Auch das Weinanbaugebiet Mittelrhein, das sich von Bingen bis Oberdollendorf erstreckt, ist von Steillagen und mineralreichen Böden geprägt, die mit allerlei Reben von Spätburgunder bis Riesling bestückt werden.

Die 9 weltschönsten Ausflugslokale im Rheinland

* Die **Schmitzebud** im Königsforst bei Köln, weil sie dort seit über 100 Jahren steht. www.schmitzebud.com

* Der **Biergarten** auf der Rheininsel Grafenwerth, weil er ein veritables Strandlokal ist. www.grafenwerth.de

* Der **Bahnhof Kottenforst**, weil man dort nicht auffällt, wenn man draußen ein Pferd anbindet. www.kottenforst-bahnhof.de

* Das **Weingut Sülz** in den Weinbergen bei Oberdollendorf, weil genau hier das Weinanbaugebiet des Mittelrheins beginnt. www.weinhaus-gutsuelz.de

* Das **Bootshaus Alte Liebe** an der Kölschen Riviera in Köln-Rodenkirchen, weil man auch im Herbst dort zur Sommerfrische fahren kann. www.bootshaus-alte-liebe.de

* **Zur Siegfähre** in Troisdorf-Bergheim, weil es an der einzigen Einmannfähre Deutschlands liegt. www.siegfaehre.de

* Das **Gasthaus auf dem Oelberg** des Siebengebirges, weil man viel höher im Rheinland (461 Meter ü. N.N.) nicht essen kann. www.gasthaus-oelberg.de

* Der **Biergarten Alter Zoll** in Bonn, weil man dort unter einer uralten Platane sitzen kann. www.alterzoll.de

* Das **Schlossrestaurant Falkenlust** in der ehemaligen Falknerei des Jagdschlosses bei Schloss Augustusburg in Brühl, weil deutscher Rokoko und italienische Küche sehr zu gut zueinander passen. www.falkenlustrestaurant.info

Warum man im Rheinland Schutzgeld erpresst, um an einen Heiligen zu erinnern

Am Martinstag, einem am 11. November gefeierten Kirchenfest, zeigt sich das ganze Vermarktungsgenie der katholischen Kirche für die Zielgruppe der Sechs- bis Zehnjährigen. Ich jedenfalls fand in diesem Alter das Martinsfest super. Es kamen Römer darin vor, man durfte mit offenem Feuer hantieren und bekam dafür auch noch Süßigkeiten geschenkt. Damit waren die meisten meiner Interessen als Grundschulkind abgedeckt. Wenn irgendein findiger Papst noch einen Dinosaurier oder eine Handvoll Piraten in die Martinslegende geschmuggelt hätte, wäre ich wohl sofort zum Katholizismus konvertiert, aber man durfte ja auch als Evangele mitmachen.

Der historische *Sankt Machtin*, wie er im rheinischen Regiolekt heißt (oder im formvollendeten Dialekt *hillije Sinte Määrtens*), war ein Militär der Spätantike, der sehr erfolgreich auf Kleriker umgeschult hat und dafür heilig gesprochen wurde.

Wie die meisten Männer um die 40 rasselte Martin, der um 316 nach Christus in der römischen Provinz Pannonien, dem heutigen Ungarn, geboren wurde, in eine gepfefferte Midlife-Crisis. Seine Karriere bei der kaiserlichen Reiterei, der *equites catafractarii Ambianenses* in Gallien, stagnierte und die ständig einfallenden Germanen raubten ihm den letzten Nerv. Überhaupt hatte Martin sich das alles ganz anders vorgestellt. Zwar hatte er schon immer etwas mit Menschen machen wollen, aber eben nicht nur abschlachten. Das kann doch nicht alles sein, dachte Martin, ging in sich und entdeckte seine spirituelle Seite. Heute wäre Martin wahrscheinlich zum Yoga gegangen, aber damals war eben das Christentum hip und so eine junge Start-up-Religion braucht ja immer Personal.

Die Kollegen wird es kaum gewundert haben, galt Martin doch schon immer als ein wenig zu lieb für einen Soldaten. Trotz bitterster Kälte lief er in diesem halben, ausgefransten Mantel herum, weil er die andere Hälfte einem Bettler gegeben hatte, der ihn wiederum gegen eine Amphore Billigwein eingetauscht haben wird, obwohl die Überlieferung diesen Umstand hartnäckig verschweigt.

Zwar behauptete Martin, Jesus selbst sei ihm im Traum erschienen und habe sich im Namen des Bettlers für den lang gehegten Bekleidungswunsch bedankt, aber die Kollegen zuckten bloß wenig beeindruckt die Achseln, sein Vorgesetzter verdonnerte ihn gar zu drei Tagen Haft wegen mutwilliger Beschädigung von Militäreigentum und Martin hatte seinen Ruf als Spinner weg.

Irgendwann hatte er endgültig die Nase voll vom Militär, wagte den beruflichen Neustart und sattelte vom »miles Caesaris« zum »miles Christi« um.

Martin riss also das den Zettel »Junger Mann zum Mitreisen gesucht« am nächsten Kloster ab, zeigte seinen brandneuen Taufschein vor und bewarb sich. Mit Erfolg, denn nach Lehr- und Wanderjahren als Mönch und Abt wurde er 372 zum Bischof von Tours geweiht, obwohl er sich, bescheiden wie er war, vor seiner Berufung im Gänsestall versteckt hatte. Um an sein schlechtes Versteck zu erinnern, werden noch heute massenhaft Gänse zum Martinsfest aus den Ställen geholt, geschlachtet und aufgegessen. Deswegen haben rheinische Gänse eine wesentlich schlechtere Meinung von Martin als der Rest der Welt.

Die einschlägige Ikonografie zeigt den Heiligen meist mit gezücktem Schwert, doch im Gegensatz zu ähnlichen Darstellungen ebenfalls römischer Provinienz bringt der siegreiche Reiter dem am unteren Bildrand Knienden nicht den Tod, sondern immerhin einen halben Mantel.

Insgesamt ist Martin also ein recht sympathischer Heiliger, der als einer der ersten seiner Zunft nicht wegen eines besonders fantasievollen Märtyrertodes, sondern seines vorbildlichen Lebenswandels wegen zum Heiligen geschlagen wurde. Das wirft allerdings die Frage auf, welchem Lebenswandel seine Heiligenkollegen gefrönt haben müssen, wenn schon eine simple Altkleiderspende derart erwähnenswert schien. Aber Schwamm drüber. Heilige sind auch nur Menschen.

Am Martinstag verkleidet sich jedenfalls der Dorfschulze, Sparkassenvorsteher oder sonst ein honoriges Mitglied des *Veedels* als römischer Offizier und reitet auf einem möglichst stressresistenten Pferd einmal um den Pudding. Eine Horde Kinder folgt ihm dabei und wedelt wild singend mit selbst gebastelten Laternen herum, während die ganze Bagage argwöhnisch von der in Mannschaftsstärke angetretenen freiwilligen Feuerwehr beobachtet wird.

Das nennt man dann Martinszug. Ein Martinszug ist ein ziemlich langsames und gefährliches Unterfangen und erinnert an die Tohuwabohus der Völkerwanderung zu Martins Zeiten, aber das kann auch Zufall sein. Man kommt kaum voran, weil alle Mädchen das Pferd streicheln wollen und irgendwer immer Pipi muss. Wenn der Zug mal nicht gerade rastet, bricht irgendwo Panik aus, weil die größeren Jungen trotz strikten Verbots schon wieder Pechfackeln mitgebracht haben, weswegen dem kleinen Schmitz jetzt die Augenbrauen abgesengt sind, oder weil die Marienkäferlaternen aus Transparentpapiermaschee doch leichter Feuer fangen als gedacht, besonders wenn deren Träger immer wieder Papierschnipsel in die Flamme werfen, damit die größer und heller wird als die vom Nebenmann.

Trotzdem gehört in eine richtige Laterne ein Teelicht und keine Miniglühbirne. Ein Teelicht, das flackert, alle paar Minuten ausgeht und aus dem heißes Wachs schwappt, wenn man die Fingerkuppe in das Alubecherchen steckt. Diese beleuchteten Angeln, die man im Spielwarengeschäft kaufen kann, an denen unten am Griff eine Batterie und am anderen Ende eben eine Glühbirne angebracht ist, sind dagegen bloß praktisch und ungefährlich. Für Kinder also vollkommen uninteressant. Außerdem: Wer nur so ein Batterieding hat, ist gesellschaftlich unten durch. Und schließlich hat sich der Heilige energisch gegen elektrisch beleuchtete Laternen ausgesprochen, wie das einschlägige Liedgut beweist:

De hillije Sinte Määrtens, dat woor ne jote Mann,
er jidt de Kinder Kääzje und stocht sie selber an.

Sankt Martin erweist sich hier als erfahrener Pädagoge: Er gibt den Kindern zwar richtige Kerzen, zündet sie aber aus Sicherheitsgründen selber an.

Nach dem Zug durch die Gemeinde wird zum Sportplatz gegangen, der im Rheinland *Spochtplatz* heißt. Dort ist ein großer Scheiterhaufen aus alten Holzpaletten aufgebaut, die der örtliche Getränkegroßhändler gesponsert hat, von dem auch der Bierwagen daneben stammt, an dessen Tresen der Führungskader der freiwilligen Feuerwehr sich seit Stunden vom einwandfreien Zustand der aufgeschichteten Hölzer sowie der ausgeschenkten Getränke überzeugen konnte.

Nach etlichen Störungen im Betriebsablauf trifft der Martinszug schließlich mit erheblicher Verspätung ein, was aber niemanden stört, denn es stand ja ein Bierwagen auf dem Bahnsteig. Die Deutsche Bahn kann viel vom Martinszug lernen.

Es wird noch einmal gesungen, wobei der Posaunenchor und die schrillen Stimmchen der Grundschulkinder für reizvolle Dissonanzen sorgen, dann plumpst der in aller Regel tüchtig beleibte Martinsdarsteller behände vom Pferd, zündet das Feuer an, und alle stehen drum herum.

Aber so ist das halt immer beim Brauchtum, ob bei ostwestfälischen Osterrädern oder beim Biikebrennen auf Sylt, am Ende versammelt sich der ganze Stamm ums Feuer.

Am Martinsfeuer gibt es einen Weckmann für die Kinder und einen Schabau für die Erwachsenen, schließlich ist November und ein Feuer wärmt ja bekanntlich nur von einer Seite.

Ein Weckmann ist ein Gebäck, das im westfälischen Ausland zwar Stutenkerl heißt, aber aussieht wie ein Weckmann. In beiden Fällen ist es ein Männchen aus Milch-Hefe-Teig mit Rosinenaugen, das eine Pfeife im Arm hält und den heiligen Martin darstellen soll. Ob der wirklich Pfeifenraucher gewesen ist, weiß man nicht. Ein Schabau ist einfach ein Schnaps und soll nichts weiter darstellen.

Wenn das Feuer heruntergebrannt ist, hört für den gemeinen Erwachsenen der Martinsspuk auf, für das nicht weniger gemeine rheinische Kind fängt der Spaß aber erst richtig an.

Es geht nämlich *schnörzen*. Der Volkskundler ordnet das *Schnörzen* als Heischebrauch ein, man könnte aber auch sagen: *Schnörzen* ist eine vergleichsweise milde Form der Schutzgelderpressung. Die lautliche Ähnlichkeit zum Wort »schnorren« ist also kein Zufall.

Um an die Freigiebigkeit des Heiligen zu erinnern, klingeln die Kinder an den Türen der Nachbarschaft und pressen den Bewohnern unter tätlicher Androhung von Gesang Süßigkeiten ab. »*De hillije Sinte Määrtens, dat woor ne jote Mann*«, singen sie und halten ihre Tüten auf. Wenn das nicht reicht, wird noch ein unwilliges »Rabimmel, rabammel, rabumm« hinterhergeschickt, so lautet nämlich der enigmatische Kehrvers des Liedes »Ich geh mit meiner Laterne«.

Eine sehr selbstbewusste, aber etwas bildungsferne Version des Liedes, die eine Gewährsfrau aus Bickendorf gehört hat, geht übrigens so:

Isch jeh mit meine Laterne und meine Laterne mit misch.
Do oben leuschten die Sterne und unten leuschte isch.
Mein Lischt es uss, isch jeh' zu Huss'
Rabimmel, rabammel, rabumm.

Kein Mensch weiß, was dieses »Rabimmel, rabammel, rabumm« eigentlich bedeuten soll, aber es singt sich schön trotzig. Besonders, wenn man wieder nur alte Kamellen vom letzten Karnevalszug in den Beutel bekommen hat. Routinierte Kinder rattern dieses leicht zu memorierende Stück in weniger als drei Sekunden herunter und sind so in der Lage, innerhalb eines Nachmittags eine mittlere Großstadt flächendeckend zu *beschnörzen*.

Mittlerweile habe ich aus Altersgründen die Seiten gewechselt, stehe auf der anderen Seite der Tür, und natürlich bin ich prompt zum Albtraum eines jeden *Schnörz-kindes* mutiert.

Aufreizend jongliere ich mit dicken Haribotüten und prächtigen Snickers, gebe aber für ein lustlos heruntergeleiertes Rabimmelrabammelrabumm allerhöchstens eine Mandarine. Erst wenn die Kinder auch durch die schwierigen Passagen der Martinslieder gestolpert sind und mir ein zufriedenstellendes Programm serviert haben, zahle ich den vollen Preis. Mit der GEZ sollte man das übrigens genauso machen.

Wie man einen Maibaum stellt

Am letzten Tag des Aprils ziehen die rheinischen Junggesellen mit Äxten, Beilen und Sägen bewaffnet in ein nahe gelegenes Wäldchen, den Stadtpark oder wenigstens in Nachbars Garten, um dort mit großem Getöse eine Birke zu fällen. Davor betrinken sie sich, sodass statt des Baumes manchmal auch der ein oder andere Junggeselle gefällt wird. Dies soll verhindern, dass es im Rheinland zu einem unschönen Männerüberschuss kommt. Ist die Birke erlegt, muss der zuständige Forstwirt bestochen werden, der eigens zum Schutz der Bäume abgestellt wurde. In der Regel wird er durch ein Trankopfer besänftigt, das gemeinschaftlich eingenommen wird.

Anschließend wird der Baum auf einem tiefergelegten Kleinwagen ohne Gepäckträger festgezurrt, der dabei unweigerlich Schaden nehmen wird, zumal sich bis zu zehn Junggesellen in das Gefährt zwängen, welches eigentlich den ganzen Stolz seines kaum volljährigen Besitzers darstellt. Bei jeder Bodenwelle setzt der Wagen auf, was aber niemand bemerkt, weil die Anlage bis zum Anschlag aufgerissen ist. Größter Nutznießer dieses Brauchs ist also das örtliche Kfz-Handwerk.

Ist der Baum dergestalt auf das Fahrzeug verbracht, wird bis zum Morgengrauen durch die Stadt gejuckelt, wobei aus den heruntergekurbelten Fenstern ebenso fiese wie laute Musik und etliche leere Bierflaschen ins Freie befördert werden. Dies soll böse Geister beziehungsweise Anwohner erschrecken.

Sind genug Anwohner aus den Betten geholt worden, wird gemeinschaftlich zur Adressatin der Birke gefahren, die mit ihren Gefährtinnen wohlweislich die nächste Großraumdisco aufgesucht hat, um weder dem Spektakel noch dem Spender beiwohnen zu müssen.

Vor dem Haus der Angebeteten wird der Baum aufgestellt, wobei er mit bunten Bändern, Erbrochenem oder den übrig gebliebenen leeren Bierflaschen geschmückt werden kann.

Beim Umgang mit den oft großformatigen Gewächsen gehen meist allerlei Fensterscheiben zu Bruch, sodass auch die Glaserinnung zu den vehementen Fürsprechern des Maibaumstellens zählt. Vom Vater des Mädchens ist den meist bereits vollkommen betrunkenen, aber dennoch motorisierten Jugendlichen ein weiterer Kasten Bier zu stellen, denn so will es der Brauch, der offensichtlich älter ist als die Straßenverkehrsordnung.

Mit dem Maibaum soll die Aufmerksamkeit des Mädchens geweckt werden, außerdem wird eindrücklich ihr sozialer Rang innerhalb der Peergroup beschrieben: Früh entwickelten Teenagerinnen wächst über Nacht oft ein veritabler Hain vor dem Fenster, während andere Geschlechtsgenossinnen mit ein paar dürren Zweigen abgefertigt werden. Ob hier jedoch der Ursprung der Redewendung »Holz vor der Hütte« liegt, ist unklar beziehungsweise ein ziemlich nahe liegender Witz.

Die Mädchen mit vielen Bäumen jedenfalls werden mit 17 schwanger und müssen den Dorfdeppen heiraten, während alle anderen in die Fremde geschickt werden, wo sie studieren und dann Karriere machen. Wenn sie damit fertig sind, ziehen sie zurück aufs Land, kaufen sich einen restaurierten Hof mit Rheinblick, abonnieren die »Landlust« und schwärmen auf Cocktailpartys von den romantischen Bräuchen auf dem Dorf, obwohl sie es eigentlich besser wissen müssten.

Wie man eine Eierkrone aufhängt

Zum Pfingstfest sind auf den Dorfplätzen des südlichen Rheinlandes kunstvolle Gebilde aus Drahtgeflecht zu sehen, die mit Hunderten von ausgeblasenen Eiern behängt sind. Die Ursprünge dieses Brauches liegen im Dunkeln, wahrscheinlich beruhen sie auf heidnischen Vorläufern oder einer Marketingidee der deutschen Hühnerzüchter.

Unter den Eierkronen stehen die unvermeidlichen Junggesellenvereine und erinnern vorbeieilende Passantinnen mit fröhlichen Scherzworten an den weitläufigen Sinnzusammenhang von »Eiern« und »Blasen«. Aber das kommt davon, wenn man sein Brauchtum von alleinstehenden jungen Männern ausrichten lässt, da darf man nicht allzu viel Feinsinniges erwarten.

Wie die Antifa ist auch der Junggesellenverein ein Institut zur Beziehungsanbahnung unter Jugendlichen. Im Gegensatz zur Antifa kommt der Junggesellenverein aber ohne politisches Alibi aus, weswegen der Junggeselle auch nicht von Naziprolls aus Troisdorf, sondern bloß von Mitgliedern anderer Junggesellenvereine verhauen wird, bei denen es sich aber durchaus um dieselben Naziprolls aus Troisdorf handeln kann. Anders als bei der Antifa dürfen beim Junggesellenverein aber keine Frauen mitmachen, was kurios ist, wenn man den Vereinszweck bedenkt.

Ansonsten funktioniert ein Junggesellenverein wie eine Mischung aus Burschenschaft, bei der man auch ohne Abi mitmachen darf, und einem Volkshochschulkurs für Bühnenbildnerei, ist der organisierte Junggeselle doch vornehmlich damit beschäftigt, in betrunkenem Zustand Objekte im öffentlichen Raum zu montieren, die dort in möglichst offensichtlicher Weise Fruchtbarkeit symbolisieren sollen. Prinzipiell drückt das rheinische Brauchtum also dasselbe aus wie Hip-Hop-Musik, bei der es ebenfalls hauptsächlich um dicke Eier geht.

Die rheinischen Fruchtbarkeitsriten entstammen jedoch alten heidnischen Zeiten, in denen auch der Junggesellenverein erfunden wurde, der sich damals aber eher dem Plündern und Brandschatzen von Nachbardörfern widmete. Vermutlich wurden damals zu Pfingsten einfach die Eier erschlagener Feinde in die Bäume gehängt, und allein der Überredungskunst christlicher Missionare ist es zu verdanken, dass die Junggesellen schließlich auf filigrane Bastelarbeiten mit ausgeblasenen Hühnereiern umsattelten.

Insofern muss man sagen, dass die heutigen Junggesellenvereine schon eine beachtliche Kulturleistung darstellen, auch wenn man es nicht immer gleich merkt. Aber das ist bei der Hip-Hop-Musik ja ganz genauso.

Außerdem sollen die Eier an das christliche Pfingstwunder erinnern. Zum Pfingstfest, 50 Tage nach Ostern, wurde einst von höchster Stelle der Heilige Geist ausgesandt, um die in Jerusalem versammelten Jünger an ihren Beruf zu erinnern. Erfüllt vom Heiligen Geist fingen sie sofort an, wie die Generalversammlung der UNO auf Klassenfahrt in allen möglichen und unmöglichen Sprachen durcheinanderzubrabbeln, wodurch zufällig vorbeiflanierende Parther, Meder und Elamiter auf den neuen Glauben aufmerksam wurden, der damit erstmals auch in ihrer Muttersprache gepredigt wurde. »Andere aber hatten ihren Spott und sprachen: Sie sind voll von süßem Wein«, bemerkt Lukas (2,13) recht lakonisch und liefert damit eine recht bodenständige Interpretation des Pfingstwunders. Es kann also auch bloß Weingeist gewesen sein, der die Jünger befeuerte. Leicht angetütert klappt es ja meist besser mit den Fremdsprachen, das kennt man ja.

An Pfingsten feiert man also den Beginn der Evangelisation wie der Synchronisation.

Warum man aber ausgerechnet Eier in die Bäume hängt, um für Fremdsprachenkenntnisse zu werben, bleibt unergründlich wie die Wege des Herrn.

Stattdessen fühlt man sich angesichts der riesigen Kronen oftmals ungut an die landwirtschaftliche Überproduktion erinnert. Viele Kronen sind denn auch den beiden Heiligen Dioxin und Cholesterin gewidmet, die als Schutzpatrone von Magen- und Stoffwechselerkrankungen gelten.

Die größte Eierkrone des Rheinlandes hängt in Bendorf bei Neuwied und besteht aus 25.000 ausgeblasenen Eiern, weswegen der ganze Ort streng riecht und über Pfingsten nicht betreten werden kann.

Karneval

Wie man einen Rosenmontagszug überlebt

Ein Survival-Guide

Der große Rosenmontagszug in einer der altehrwürdigen Karnevalshochburgen wie Köln oder Düsseldorf ist ein fantastisches Naturschauspiel, das Sie sich keinesfalls entgehen lassen sollten. Zumindest wenn Sie im Besitz eines leistungsfähigen Kleinflugzeugs sind. Denn auch ein unerschrockener Naturforscher wie Bernhard Grzimek hat sich aus gutem Grund nicht zu Fuß in die Stampedes der gewaltigen Gnuherden begeben, welche die Serengeti einstmals genauso zahlreich bevölkerten wie die Narren die Straßen und Plätze am Rosenmontag.

Die Behauptung, die Innenstädte seien während des Rosenmontagszuges überfüllt, ist jedoch falsch. Es handelt sich hierbei um eine fromme Lüge der örtlichen Fremdenverkehrsämter. Richtig ist vielmehr, dass ein Stück Kohle, eng am Körper getragen, im Gedränge des Rosenmontags zu einem Diamant gepresst werden kann. Für dessen Gegenwert bekommen Sie am Kölner Alter Markt allerdings gerade mal zwei kleine Kölsch.

Sollten Sie dennoch in Erwägung ziehen, das archaische Spektakel auf Augenhöhe mit dessen Protagonisten erleben zu wollen, gilt es, einige Vorkehrungen zu treffen, wie sie auch bei Expeditionen in andere lebensfeindliche Landschaften wie etwa der Antarktis oder den Mars gang und gäbe sind. Im Gegensatz zu Letzterem werden Sie im Rosenmontagsgetümmel jedoch reichlich auf bizarre oder primitive Lebensformen stoßen. Als geeignete Grußformeln für den Erstkontakt mit Karnevalisten gelten »Alaaf« beziehungsweise »Helau« oder »Ich komme in Frieden.«

Vorbereitungen

Landauf und landab wird die Kontaktfreudigkeit des Rheinländers gerühmt, welche sich im Karneval durch Freundschaftsbekundungen offenbart, die allerdings von Kampfhandlungen nicht immer eindeutig zu unterscheiden sind. Schließen Sie sich zur Vorbereitung einem Rudel verwilderter Tanzbären an, die im Zirkus dem Alkoholismus anheimgefallen sind, und studieren Sie deren Gebräuche. Wenn die Sie als einen der Ihren akzeptieren, werden Sie auch das Sozialverhalten der Karnevalisten überstehen.

Die Ausgelassenheit und überschäumende Lebensfreude im Karneval (siehe *Bützen*) steckt auch Bakterien und Viren an, die dann wiederum Sie anstecken werden. Kaufen Sie sich einen »Pschyrembel« und lassen Sie sich gegen alle Krankheiten impfen, die im Index aufgelistet sind. Erfinden Sie anschließend ein paar neue hinzu, gegen die Sie sich bitte ebenfalls impfen lassen.

Lassen Sie sich Name, Adresse, Blutgruppe und Lieblingsgetränk auf den Oberarm tätowieren, solche Kleinigkeiten vergisst man schon mal im Eifer des Gefechts.

Führen Sie stets Signalraketen in ausreichender Menge mit sich, um fortgespülten Freunden im Getümmel Ihren aktuellen Standort anzeigen zu können. Zu den alten Karnevalstraditionen hat sich nämlich eine neue gesellt: die Erstürmung des Handynetzes am Rosenmontag. Telefonzellen dagegen dürfen an diesem Tag ausschließlich zum Austausch oder Absetzen verschiedenster Körperflüssigkeiten benutzt werden.

Führen Sie stets genug Trinkwasser, Nahrungsmittel und einen Kompass mit, falls Sie von einer abgehenden Polonaise mitgerissen werden.

Kostümierung

Ein gutes Karnevalskostüm muss Ihr Überleben in gleich mehreren Klimazonen garantieren können. Da der Karneval aus vollkommen unchristlichen Gründen zum Ausgang des Winters gefeiert werden muss, sollte Ihr Kostüm regendicht sein. Immerhin werden Sie stundenlang bei drei Grad plus im Nieselregen ausharren müssen, denn genau so sieht der rheinische Winter nun mal aus.

In der Kölsch- respektive Alt-Pinte dagegen, in der Sie meinethalben gegen Ihren Willen, aber nichtsdestoweniger zwingend nach dem *Zoch* landen werden, herrschen dagegen monsun- bis treibhausartige Witterungsbedingungen. Stellen Sie sich auf gute 40 Grad bei 300 Prozent Luftfeuchtigkeit ein.

Erschrecken Sie nicht, wenn Sie morgens als Zorro aus dem Haus gegangen, abends jedoch als Prinzessin heimgekehrt sind. In Kneipen abgelegte Kostümteile gelten als Allgemeinbesitz und werden mitgenommen, daneben abgelegte Lebenspartner allerdings auch. Erschrecken Sie also auch nicht, wenn Sie mit einer Prinzessin aus dem Haus gegangen, am nächsten Morgen aber neben einem Zorro aufgewacht sind. Derlei gilt im Karneval als normal und kann am Aschermittwoch unbürokratisch und auf Kulanz umgetauscht werden.

Das Kostüm sollte Ihre Stimmung und Ihren Charakter widerspiegeln, beziehungsweise das, was Sie sich fälschlicherweise unter Ihrem Charakter vorstellen. Buchhalter gehen deswegen meist als Löwenbändiger, Ängstliche als Vampire und ausgewachsene Fleischfachverkäuferinnen als Kätzchen. Nirgendwo sonst klafft die Schere zwischen Selbst- und Fremdwahrnehmung weiter auseinander als im Karneval, aber das ist ja auch Sinn und Zweck der Veranstaltung.

Den **Kollektivisten** unter den Karnevalisten erkennt man am Kostüm von der Stange, welches an Weiberfastnacht kurz vor Ladenschluss bei irgendeinem Discounter erstanden wird. Wenn Sie Wert darauf legen, in der Anonymität der Masse unterzugehen und Freude an nordkoreanischen Aufmärschen oder Hochzeiten der Mun-Sekte finden, sollten Sie unbedingt diese Variante wählen.

Der **Traditionalist** unter den Karnevalisten dagegen würde nie etwas anderes als die Farben seiner Urhorde tragen, als deren Rechtsnachfolger die Karnevalsvereine gelten müssen. Diese Farben werden ihm zur Geburt überreicht und müssen mit dem Leben verteidigt werden. Bringt der Karnevalist Schande über seine Farben, gilt er als vogelfrei und darf nicht mehr *gebützt* werden. Als Schande gelten Prinzenmord, Blasphemie und Mineralwasser.

Der **Aristokrat** unter den Karnevalisten trägt Frack und die Farben seines Vereins als Kokarde am Revers, außerdem illustriert er seinen gesellschaftlichen Rang durch eine Vielzahl von Accessoires und Orden, die den protzigen Bling der Gangstarapper als Übung in protestantischer Verzichtsethik und die dekorierte Brust eines sowjetischen Fünf-Sterne-Generals als sympathisches Understatement erscheinen lassen. Turmhohe, von Goldfäden durchwirkte Narrenkappen mit ausladendem Gebimmsel und ellenlangen Federn vom Aussterben bedrohter Vogelarten bezeugen den Rang des Trägers, tellergroße Orden künden von erfolgreich ausgefochtenen Schlachten beziehungsweise ähnlich schrecklichen Herrensitzungen.

Der **ambitionierte Individualist** beginnt schon am Aschermittwochmorgen mit dem Brainstorming für das Kostüm der nächsten Session, brütet im Frühjahr über dessen Bauplänen sowie der Berechnung gravierender statischer Probleme, um im Sommer ein Modell und im Herbst schließlich den Prototypen anzufertigen. Am 11.11. um 11:10 Uhr holt er dann das fertige Kostüm aus dem Hangar. Als originelle Kostüme gelten unter den ambitionierten Individualisten zum Beispiel Holocaustmahnmal, Wiener Kongress oder kategorischer Imperativ.

Der ambitionierte Individualist bleibt stets nüchtern, damit sein Kostüm nicht beschädigt wird, außerdem kann er die Arme da drin nicht bewegen. In die Kneipe geht er nicht, weil das Kostüm nicht durch die Tür passt. In seiner Freizeit baut der ambitionierte Individualist den Kölner Dom aus Streichhölzern nach oder besorgt die Ausstattung von Fantasyfilmen.

Der **improvisierende Individualist** wiederum bevorzugt Kostümierungen, die er in freier Wildbahn beziehungsweise seiner Wohnung vorfindet. Da werden kurzerhand Duschvorhang und Armatur abgeschraubt und mittels alltäglicher Accessoires wie Duschhaube und Handtuch zu einem reizenden Kostüm als Duschkabine veredelt.

Aber auch aus dem Nachlass der Oma lässt sich etwas Feines zaubern, zum Beispiel eine Verkleidung als rustikale Schrankwand oder Scharführerin des BDM.

Ein konsistentes Thema der Verkleidung spielt für den improvisierenden Individualisten keine Rolle, alles kann und muss kombiniert werden, sodass auch eher surreale Kompositionen zu ihrem Recht kommen. »*Solang ett bekloppt aussieht, es alles jot*«, findet der improvisierende Individualist und hat recht. Erfahrene Karnevalisten dieser Gattung horten Material in einer Verkleidungskiste, von deren Beständen ganze Stadttheater zehren könnten.

Der **Minimalist** schließlich trägt eine Pappnase.

Lappenclowns

Meiden Sie größere Ansammlungen von Lappenclowns! Lappenclowns sind nicht etwa gutmütige Spaßmacher aus dem hohen Norden, die für die tollen Tage ihre Rentierzucht verlassen haben, um den Menschen den sehr speziellen Humor des samischen Volkes zu vermitteln. Nein, Lappenclowns sind die allseits gefürchtete Geißel des Straßenkarnevals, die dort eindrücklich demonstriert, dass man auch Alkohol trinken kann, ohne fröhlich sein zu müssen. In Idiom und Betragen erinnern die Lappenclowns an die Droogs aus »A Clockwork Orange«, nur dass sie beim Tollschocken eben nicht Beethoven, sondern lieber den Wendler hören. Leute, die sich als Droogs verkleidet haben, sind dagegen in aller Regel vollkommen harmlos.

Ihren Namen tragen die Lappenclowns wegen des Clownkostüms, das ursprünglich in Heimarbeit aus alten, bunten Fetzen (»Lappen«) zusammengenäht wurde, mittlerweile übernehmen dies jedoch pakistanische Kinder. Der Lappenclown tritt niemals alleine auf, es sei denn, man trifft ihn in der Notaufnahme des städtischen Krankenhauses an, wo er im künstlichen Koma seinen Schwips auskuriert.

Schunkeln

Schunkeln ist kein basaler Tanzversuch, sondern die einzig mögliche Art, sich bei 2,3 Promille halbwegs unfallfrei innerhalb einer Menschenmenge von A nach B (zum Beispiel von Andernach nach Bonn) zu bewegen. Beim Schunkeln wird der Oberkörper mehr oder minder rhythmisch in seitlicher Richtung bewegt. Beim Hospitalismus dagegen vor und zurück. Beherzigen Sie diesen feinen Unterschied.

Anfänger sollten das Schunkeln zunächst bei schwerem Seegang üben, dann nach Einnahme alkoholischer Getränke und schließlich in Kombination. Anschließend kann ein Schunkelobjekt gesucht werden, dies wird seitlich untergehakt und bis zur Willenlosigkeit hin und her geruckelt. Als Schunkelobjekte können auch Bäume oder Laternen dienen, die vorher freilich entwurzelt werden müssen.

Einer anderen Theorie zufolge ist das Schunkeln ein Symptom des Posttraumatischen Stress-Syndroms (PTS), wie es bei Teilnehmern von anderen Massenveranstaltungen, wie zum Beispiel dem Ersten Weltkrieg (»Kriegszittern«), auch häufig auftritt. Die Symptome sind jedenfalls recht ähnlich.

Hat sich der Karnevalist einmal eingeschunkelt, können die Schaukelbewegungen bis Mitte Mai anhalten, der Mediziner spricht hierbei vom postcinerischen Schunkeln und empfiehlt als Heilmittel Wadenwickel, Aderlass oder Anton Bruckner.

Bützen

Wenn wankende Gestalten mit hohlem Blick wahllos ihre Zähne in die Gesichter wehrloser Passanten schlagen, sind Sie entweder in einem Zombiefilm gelandet oder Zeuge des schönen Rituals des *Bützens* geworden. *Bützen* bedeutet Küssen, auch wenn es nicht danach aussieht.

Gebützt werden kann alles, was nicht niet- und nagelfest beziehungsweise schwächer und langsamer ist als man selber. Doch Obacht: Eine Einladung zum *Bützen* kann in der Praxis von einem hingehauchten Wangenkuss bis zu einem deftigen Rudelbums alles bedeuten.

Beliebte Objekte weiblicher Bützkunst sind japanische Geschäftsmänner auf dem Weg zu ihrem Hotel, die meist im Rudel gejagt werden. Ist die Beute gestellt, wird sie in einen dunklen Hauseingang gezogen und von der Meute erbarmungslos zu Tode *gebützt*. Männer dagegen *bützen* alles, was sie auch sonst *bützen* würden, sich aber aus guten Gründen nicht zu *bützen* trauen, wie teure Sportwagen, in seltenen Fällen auch Frauen.

Um ein Objekt *bützfähig* zu machen, muss es vorher zum *lecker Mädsche* erklärt werden, die Geschlechtszugehörigkeit spielt dabei jedoch keine Rolle.

Ein Widerspruchsrecht ist nicht vorgesehen, deswegen können *Bützattacken* nur abgewehrt werden, indem Sie sich flach auf den Rücken legen und laut rufen »Ich bin tot« beziehungsweise »Düsseldorfer«. Oder Kölner, je nachdem, wo Sie sich aufhalten.

Bereiten Sie sich unbedingt psychisch wie physisch auf den Vorgang des *Gebütztwerdens* vor. Entkleiden Sie sich hierzu, reiben Sie sich mit einem alten Hering ein und postieren Sie sich im Seehundgehege oder hospitieren Sie als Karnickel im Streichelzoo für grobmotorische Kinder, wenn Sie keinen Hering mögen.

Kamelle

Kamelle gehören nicht etwa zur Familie der doppelgehöckerten Schwielensohler, sondern zu den niederen Süßspeisen. Die zuckrigen Klebebonbons werden massenhaft von bunt geschmückten Wagen in den Schneematsch an den Straßenrändern geworfen, wo sie von der Müllabfuhr weggekehrt werden.

Seit nämlich die Vereine hochwertige Konsumgüter wie Pralinenschachteln, Blumensträuße (*Strüssjer*) oder Kölschfässer als Wurfmaterial entdeckt haben, fristet die gemeine Kamelle ein trauriges Schattendasein und wird nur noch von wenigen Karnevalsvereinen wie den Lustigen Dentisten Rüngsdorf e. V. als kriegswichtige Offensivwaffe eingesetzt.

Dennoch schreibt das Karnevalsprotokoll vor, dass jeder Zugteilnehmer seine Mitmenschen mit nicht weniger als einer Tonne Zuckerzeug zu bewerfen hat. In weniger gut betuchten Vierteln werden die Kamelle immerhin eingeschmolzen und zum Dämmen der Behausungen benutzt, in bürgerlichen Vierteln werden sie von Ein-Euro-Jobbern aufgelesen, wieder in ihre Kartons verpackt und als Spende in die dritte Welt exportiert. Das steht dann groß in der Zeitung und wird als soziale Verantwortung gefeiert.

Polonaise

Die Polonaise gehört zur Kategorie der rheinischen Schreit- und Zwangstänze und wird wie die meisten anderen Sexualkrankheiten durch Körperkontakt übertragen. Im Fall der Polonaise geschieht dies durch Handauflegen im Schulterbereich.

Als Auslöser einer Polonaise gelten alle Lieder, die aktiv zum Frohsinn auffordern oder in rheinischer Mundart gedichtet sind, also alle. Aber auch der Flügelschlag eines Schmetterlings in Brasilien kann bei günstiger Witterung eine Polonaise in Nippes auslösen.

Ist ein Rheinländer vom Polonaisevirus befallen, wird sein Blick glasig, die Bewegungen fahrig, sein Lachen schrill und seine Reden obszön und laut. Mit anderen Worten: Eine Infektion ist mit bloßem Auge gar nicht zu erkennen.

Eine Polonaise gehorcht denselben physikalischen Gesetzen wie die Lawine, macht bei ihrem Abgang aber wesentlich mehr Krach. Einmal losgetreten, ist sie kaum mehr aufzuhalten. Eine ausgewachsene Polonaise kann Tausende von Teilnehmern umfassen, walzt dabei alles nieder, was sich ihr in den Weg stellt, und kann Strecken von mehreren Hundert Kilometern zurücklegen.

Ein besonders hartnäckiges Exemplar drang 1963 bis in Randbezirke Hannovers vor, wo es kontrolliert zur Explosion gebracht werden musste. Reste dieser Polonaise sollen noch heute durch die unwirtlichen Weiten Niedersachsens irren, denn mit der Polonaise verhält es sich wie mit dem Regenwurm. Wenn man den in der Mitte teilt, leben auch beide Teile weiter.

Sollten Sie dennoch in einen dieser veitstanzenden Lindwürmer geraten, bewahren Sie unbedingt die Ruhe. Stellen Sie sich einfach vor, Sie seien in einen Tsunami geraten, das wird Sie etwas beruhigen. Kämpfen Sie nicht gegen die Sogwirkung an, Ausbruchs- und Fluchtversuche sind sinnlos und werden von den Polonisten überdies als Kriegserklärung aufgefasst.

Wie man trotzdem Karneval feiert

Verstehen Sie mich nicht falsch. Karneval ist toll. Großartig und wüst. Ein riesige, meinethalben vollkommen verlogene, aber hochwirksame soziale Verbindungsmaschine. Eigentlich wie Fußball, bloß ohne den lästigen Sport. Und genau wie der Fußball hat auch der Karneval seine extrem unschönen Seiten. Wenn beim Kölner Karneval eine Million Jecken mit reichlich Alkohol in den Blutbahnen durch die Straßen ramentern, sind das nicht alles freundliche Zeitgenossen. Damit muss man leider rechnen.

Lassen Sie sich davon jedoch nicht abschrecken. In den Seitenstraßen, den Kneipen, bei den *Veedelszügen* oder im Dunstkreis wild aufgebauter Soundsystems, die von Dub-Reggae über Punkrock bis zu traditioneller Karnevalsmusik alles Mögliche und Unmögliche auflegen, lässt sich noch immer vehement feiern, ohne dass es ständig zu Schlägereien kommen würde.

Trotzdem bedeutet der rheinische Karneval immer auch: Ausnahmezustand. Die Leute sind wirklich außer

Rand und Band, und das bekommt ihnen nicht immer. Oder, wie der Regisseur Lars von Trier in seiner Serie »Geister« sagt: »Seien Sie bereit, dem Guten wie dem Bösen zu begegnen.«

Ebenfalls rechnen muss man allerdings mit unfassbar dürftigen Büttenreden beim Sitzungskarneval. Was beim Dorf-Karneval in der Mehrzweckhalle noch gewissen Do-it-yourself-Charme hat, lässt einen angesichts der professionell durchorganisierten Produktionen, die auch im Fernsehen gezeigt werden, weinend zusammenbrechen. Gleichermaßen erschüttert von dem Ballermann des Straßenkarnevals wie vom muffigen Witz der Sitzungen, haben sich viele Rheinländer vom traditionellen Karneval abgewendet. Mittlerweile hat sich eine karnevalistische Parallelgesellschaft etabliert, in der vieles anders, wenn auch nicht in jedem Fall besser ist. Hier eine kleine Auswahl.

Die Stunksitzung

Unter einem anarchistischen schwarz-roten Stern mit Narrenkappe konstituierte sich am 26. Februar 1984 die Stunksitzung, eine Veranstaltung, in der seitdem die Büttenrede des traditionellen Sitzungskarnevals mit dem Anspruch des politischen Kabaretts und den Bedürfnissen ehemals linksalternativer, inzwischen aber eher neobürgerlicher Gemütlichkeit verbunden wird.

Ihren Spielort hat die Stunksitzung mittlerweile im Kölner E-Werk gefunden, sie unterhält dort pro Session 45.000 Jecken in 43 Sitzungen und wird sogar im Fernsehen des WDR gesendet. Es sei denn, beliebte Zielscheiben kabarettistischer Bemühungen wie der Kölner Kardinal Meisner werden als »Arschloch« geschmäht, wie im Jahr 1992 geschehen. Dann wird kurz ein pfeifendes Geräusch gesendet.

Aus der kleinen Initiative einiger Studenten rund um den späteren Kabarettisten Jürgen Becker, der als erster Präsident der »Stunker« amtierte, ist mittlerweile eine professionelle und durchaus kommerzielle Bühnenproduktion geworden, für die auch routinierte Gaglieferanten des Privatfernsehens wie Moritz Netenjakob schreiben. »In all den Jahren hat es noch keine Stunksitzung gegeben, die nicht ausverkauft war«, geben die Veranstalter stolz im Internet kund.

Informationen: www.stunksitzung.de

»Kölle Aloha«, schwuler Karneval

Mittlerweile mischt natürlich auch die Schwulen- und Lesbenszene mit eigenen Clubs und

Sitzungen zumindest im großstädtischen Milieu des rheinischen Karnevals mit.

Da gibt es in Köln die »Röschen Sitzung«, die als kleinere Veranstaltung die mondäne »Gloria-Sitzung« beerbt hat und im Mülheimer Kulturbunker eine Wortspielhölle mit dem Titel »Nacht der apokalesbischen Untunten« abfeiert. Mit den Kölner Rosa Funken wurde standesgemäß am 11.11.1995 Deutschlands erster schwuler Karnevalsverein gegründet, während Düsseldorf im Jahr 2000 mit der Karnevalsgesellschaft Regenbogen nachzog, die den bergischen Löwen im Wappen führt. Selbstverständlich in Pink.

In Koblenz, wo närrische Schwule, Lesben und Freunde im Verein Narrenbunt organisiert sind, kam es 2008 zu einem Eklat, als der Dachverband Rheinische Karnevals-Korporationen (RKK) die Bewerbung von Maria Funk alias Sven Brinkmann als Funkenmariechen abschmetterte. RKK-Präsident Peter Müller behauptete damals, männliche Funkenmariechen widersprächen der karnevalistischen Tradition, musste sich aber prompt eines Besseren belehren lassen. Erst seit 1935 gibt es überhaupt weibliche Funkenmariechen, vorher wurden sie, wie die Jungfrau des Kölner Dreigestirns, von Männern gemimt. Weil den Nationalsozialisten Männer im Fummel aber grundsätzlich suspekt waren, wurden sie auf Weisung des Gauleiters Grohé durch Frauen ersetzt. Müller musste einlenken und ließ im folgenden Jahr auch Männer zur Wahl zu.

www.kg-regenbogen.de
www.narrenbunt.de
www.rosa-funken.de

Der Geisterzug

Als Saddam Hussein im August 1990 das ölreiche Kuwait als 19. Provinz des Irak annektierte, sollte dies unmittelbare Folgen für den rheinischen Karneval haben. Er fiel nämlich aus. Zumindest sollte es 1991 keine offiziellen Karnevalszüge geben, denn am 17. Januar 1991 begann die Gegenoffensive »Operation Desert Storm«, in der die US-geführten Koalitionstruppen das Emirat zurückeroberten. Und während vor allem amerikanische und britische Truppen die feindlichen Stellungen bombardierten und die fliehenden Iraker entlang des »Highway of Death« massakrierten, sollte das fröhliche Jeckentum schweigen. Als Antwort auf das Schweigen der etablierten Narren formierte sich jedoch der »Geisterzug«, der am Rosenmontag des Jahres 1991 noch unter der Losung »Kein Blut für Öl« als Anti-Kriegs-Demonstration durch die verwaisten Straßen zog, sich in den folgenden Jahren zu einem alternativen Karnevalsspektakel entwickelte, das seither am Abend des Karnevalssamstag stattfindet und von den Veranstaltern als »wilde Nacht des Kölner Karnevals« gefeiert wird.

Während die Stunksitzung sich als Alternative des Kölner Sitzungskarnevals präsentiert hatte, bei der man in trauter Gemeinschaft über die Borniertheit der jeweiligen Lieblingsgegner lachen kann, wurde der Geisterzug zum Ausdruck eines individualisierten, anarchischen Karnevals ohne reglementierendes Festkomitee und Sitzordnung. Er wurde zum Straßenkarneval im besten Sinne, bei dem ebenso wild wie individuell kostümierte Gesellen veitstanzend durch die Straßen ziehen und dabei einen höllischen Krach schlagen. Insofern ist der Geisterzug eher als alternative Neuerfindung der alemannischen Fastnacht im kölschen Gewand zu verstehen. Mit einem guten Schuss Halloween. Der Fachmann nennt das »Invention of Tradition«. Das sollte freilich niemanden stören, der als Gespenst, Mumie oder Fantasiewesen verkleidet durch die häufig eisig kalte Nacht springt und auf Töpfe einschlägt, um den Winter zu vertreiben, seiner politischen Gesinnung Ausdruck zu verleihen oder einfach Spaß zu haben.

Begleitet wird der nächtliche Zug der Schattenwesen von Trommelgruppen, die sich entweder an Ort und Stelle zusammenfinden oder auch außerhalb des Karnevals ihr Unwesen treiben, wie zum Beispiel die Samba-Enthusiasten des »Drum Circle Cologne«. Aber auch die Musiker des »Kölner Bläser-Kunstorchester Kwaggawerk« sind dort schon gesichtet worden, das unter der Leitung des Schweizer Komponisten Reto Stadelmann in 100-köpfiger Blechbesetzung »hemmungslos, dilettantisch und straßenweise das große Grausen« auslösen will.

Mittlerweile ist der Kölner Geisterzug in den offiziellen Betrieb des Kölner Karnevals eingemeindet worden, muss sich um Finanzierung wie Versicherung der Teilnehmer kümmern und arbeitet deswegen wie die Etablierten mit Geldgebern und Sponsoren zusammen.

Eingeschworene Freunde des unkommerziellen Karnevals haben dieser Veranstaltung deswegen den Rücken gekehrt und veranstalten nach der Devise »Kein Zoch ist illegal« besonders im Stadtteil Ehrenfeld eigene, unangemeldete Geisterzüge, über deren Verlauf und Beginn in den sozialen Netzwerken des Internets informiert wird.

www.geisterzug.de

Die Immisitzung

»Das oberste Ziel der Immisitzung ist die Förderung der Integration von Migranten in den Kölner Karneval«, heißt es etwas staatstragend in einer Verlautbarung der multikulturellen Truppe, die ihre jährliche Sitzung von Jecken mit Migrationshintergrund als »Nummernrevue im Stil einer Kabarett-Karnevalsshow« im Bürgerhaus Stollwerck abhält. Mit von der Partie sind Künstler aus exotischen Ländern wie Schwaben und Franken, aber auch aus Karnevalshochburgen wie Ägypten, Griechenland, Frankreich und der Türkei.

www.immisitzung.de

Sing me a song from your home country

Über das völkerverbindende Wesen des Karnevalsliedes

Nicolai reckt das Kinn gen Atlantik, greift in die Saiten, schlägt einen D-Moll-Akkord an und lässt ihn bei einem melancholischen Blick in unsere Runde verklingen. Dann hebt er zu singen an, und während der Mistral ihm das Haar malerisch zaust, kapituliere ich.

Man muss wissen, wenn man verloren hat, und ich habe verloren. Aber so was von. Gegen den herzzerreißenden Schmelz russischer Volksweisen ist kein Kraut gewachsen, also trete ich den Rückzug an und nehme einen kräftigen Schluck dieses hundsgemeinen Rotweins, während Concetta, die schönste aller Austauschschülerinnen, bloß noch Augen für Nicolai hat. Sie hängt an seinen Lippen und lässt sich von seinem Knödeltenor in die Taiga entführen oder wo immer seine gefühlvollen und todtraurigen Lieder spielen.

Später wird mir Nicolai verraten, es seien ordinäre Sauflieder gewesen, zotige und obszöne Gossenchansons, in denen außerdem gehurt und geschossen wird. *Blatnjak* waren das, Gaunerlieder. Aber es waren die einzigen, die er auswendig konnte, und verstanden hat die Texte ja ohnehin niemand.

Aber das ahne ich noch nicht, denn noch starre ich, eifrig Nachdenklichkeit vortäuschend, ins Feuer und hoffe, dass dieser Kelch an mir vorübergeht.

»You«, ruft da Concetta, die schönste aller Austauschschülerinnen in ihrem berückend italienisch klingenden Englisch. »You now sing a song from your home country«, und während die Wellen des Atlantiks unbeeindruckt an den Strand schlagen, zeigt sie auf mich und stürzt mich damit in jene gefürchtete Gesangs-Bredouille, die alle deutschen Austauschschüler und Erasmusstudenten von Aurich bis Lörrach fürchten.

Man kennt das. Die internationale Bande der Rucksackträger hockt zusammen am Strand, verständigt sich prächtig in mittelprächtigem Englisch, redet über Filme, die alle gesehen haben, über Musik, die jeder kennt, nationale Unterschiede scheinen wie weggewischt, man ist übereinstimmend progressiv, jemand packt eine Gitarre aus und das internationale Standardrepertoire von »Knocking on Heaven's Door« bis »No Woman No Cry« wird gegeben. Doch plötzlich wird die Parole »a song from your home country« ausgegeben und alle machen begeistert mit.

Unter anderen Umständen hätte ich musikalisches Unvermögen ins Feld geführt und die Klampfe weitergereicht, aber es ist Concetta, die schönste aller Austauschschülerinnen, die ein Lied meiner Heimat zu hören wünscht.

Was singt man da als Deutscher? Nicht, dass es keine deutschen Volkslieder gäbe. Im Gegenthum: Wenn man sich die Materialmenge anschaut, muss es im 19. Jahrhundert eine ganze Volksliedindustrie gegeben haben. Allein: Ich kann diese hochromantischen Preziosen deutscher Zunge mit ihren »Feinsliebchen« und ihrem Ach und Weh nicht auswendig. Dafür kann ich noch immer das

Titellied der Zeichentrickserie »Wickie und die starken Männer«, das übrigens von den Bläck Fööss eingesungen wurde, und kann mich relativ fehlerfrei durch das Frühwerk von Tocotronic schrammeln.

Aber Volkslieder? Fehlanzeige.

So geht es ja den meisten. Die ersten paar Zeilen sitzen noch, dann muss man improvisieren und irgendwann sitzt die Loreley am Brunnen vor dem Tore.

Gott sei Dank bin ich aber nicht nur Deutscher, sondern Rheinländer.

Und tief im Rückenmark des Rheinländers liegt ein musikalischer Wissensschatz verborgen, der jedes Jahr, meist Mitte Februar, neu gehoben wird. Auch der halbherzige Rheinländer kann nämlich ganz viele Karnevalslieder auswendig, ohne sie je gelernt zu haben. Er steht halt jedes Jahr beim *Zoch* und singt mit, wenn eine Kapelle vorbeikommt. Sogar wenn er sich in seinen vier Wänden verbarrikadiert hat, weil er dem Frohsinn entfliehen wollte, wird er dem Liedgut nicht entkommen. Irgendein Nachbar hat bestimmt die Boxen ins Fenster gestellt und informiert lautstark, dass der Dom in Köln zu bleiben hat (*»denn do es hä ze huss«*). Der rheinische Karneval ist eben eine recht laute, aber deswegen umso einprägsamere Angelegenheit.

So ist das im Rheinland und ich mache da keine Ausnahme. Ich mag Karnevalslieder (jedenfalls außerhalb des Straßenkarnevals) nicht mal besonders, aber ich kann sie halt.

Ich sitze also im Hochsommer an der französischen Küste, soll ein Mädchen mit einem gefühlvollen Lied aus meiner Heimat beeindrucken, und alles, was mir dazu einfällt, sind Karnevalslieder. Verdammt, ich bin doch mehr Rheinländer, als ich dachte.

Aber es hilft ja nichts. Ich lasse mir von Nicolai die Gitarre geben und denke nach.

Welches Lied singe ich bloß?

Vielleicht »*Wenn et Trömmelche jeht*«, eine Karnevalshymne von unbedingter Schlichtheit, die sich auch mit ein paar Promille noch schmettern lässt? Einen Lyrikpreis gewinnt man damit nicht, aber das erwartet auch niemand von einem Karnevalslied.

Ein Karnevalslied sollte möglichst reibungslos weggeschunkelt werden können, ob und was es genau bedeutet, ist vollkommen egal. Oder können Sie die geheime Botschaft hinter der Liedzeile »Heiditschimmela, tschimmela, tschimmela, tschimmela, bumm!« entziffern? Wer ist überhaupt diese Heidi Tschimmela? Meist reicht es völlig, wenn an prominenter Stelle das Wort »Alaaf« vorkommt. Jedenfalls in Köln. In Düsseldorf sollte man dieses Wort unbedingt umgehen.

Denn wenn et Trömmelche jeht,
dann stonn mer all parat
un mer trecke durch die Stadt
un jeder hätt jesaat:
Kölle Alaaf, Alaaf
Kölle Alaaf.

Oder doch lieber den alten Willi-Ostermann-Schlager »*Isch bin ene kölsche Jung, wat willse maache*«, ein schwer sentimentales Stück über Kindheit in einem nach Strich und Faden verherrlichten Köln? Der in Ehren ergraute Hans Süper, einer der komödiantisch begabtesten Protagonisten des kölschen Sitzungskarnevals, hat dieses Lied bei seiner Abschiedsgala vorgetragen, nur begleitet von seiner *Flitsch* (Mandoline) – und der ganze Saal, einschließlich des Interpreten, hatte Pipi in den Augen.

Willi Ostermann ist übrigens der Bob Dylan des kölschen Karnevalsliedes. Wann immer man nach dem Verfasser eines alten Gassenhauers sucht, trifft man auf seinen Namen.

Sein Grab auf dem Kölner Melatenfriedhof gilt als Pilgerstätte und die höchste Auszeichnung im Kölner Karneval heißt »Willi-Ostermann-Orden«. Heiliger als Willi Ostermann sind in Köln also bloß noch die Heiligen Drei Könige, und die sind bekanntlich geklaut. Noch im Krankenhaus, kurz vor seinem Tod 1936, hat Ostermann ein Lied geschrieben, das ihn endgültig in den Olymp karnevalistischen Brauchtums katapultiert hat: »Heimweh nach Kölle«.

Diese Lieder allerdings spielen im Straßenkarneval kaum noch eine Rolle, an ihre Stelle sind multifunktional einsetzbare Stimmungshits von den Ballermännern Micky Krause oder Michael Wendler getreten. Sehr zum Entsetzen der Bläck Fööss übrigens, die sich längst von barfüßigen, langhaarigen Haschrebellen zu Elder Statesmen und durchaus konservativen Gralshütern der kölschen Folklore entwickelt haben.

Ganz anders die Höhner, die klingen, als hätte man die Bläck Fööss mit den Zillertaler Schürzenjägern gekreuzt, wobei sich die Zillertaler als dominanter Erbteil erwiesen haben. Allerdings hat die »Kölner Belustigungstruppe« (Wolfgang Niedecken über die Höhner) ein Händchen für extrem einprägsame Refrains, die man mitsingen muss, obwohl man gar nicht will. Aber man will am Rosenmontag eigentlich auch nicht morgens um elf Uhr schon Bier trinken. Man muss. Nicht zuletzt, um die Höhner zu ertragen. Mit ihrem Hit »Viva Colonia«, dessen Melodie ebenfalls verdächtig keltisch klingt, haben die Höhner jedenfalls ein Monster geschaffen, das nicht so schnell aus der Welt zu bekommen sein wird. Wo immer eine handfeste Feierlichkeit ansteht, heißt es mittlerweile: »*Da simmer dabei! Dat is prima!*«, wobei völlig egal ist, ob das besungene Colonia überhaupt noch in Sichtweite ist: Als »Viva Bavaria« ist das Lied zum Wiesnhit geworden, es läuft in holländischen Dorfdiscos und soll sogar beim Beer Festival in Milwaukee gehört worden sein. In einer Polkaversion, gespielt von den Nachfahren böhmischer Einwanderer.

Oder doch lieber die »*Superjeilezick*« von Brings, einer mittlerweile auch in die Jahre gekommenen Antwort der 90er-Jahre auf Bap, die in ihren Anfangstagen vom Bap-Gitarristen Klaus »Major« Heuser protegiert wurde. Mittlerweile haben sich Brings der modernen Stimmungsmusik zugewandt und versorgen die jeweilige Session mit ordentlich produzierten und refrainlastigen Gassenhauern, die ihre Wurzeln in der Polka oder im Irish Folk haben, aber mit rockigen Gitarrenriffs zu mitklatschheischenden Stampfern aufgerüstet werden. Außerdem hat die Band gleich zwei Söhne jedenfalls im Rheinland weltberühmter Väter aufzuweisen. Kai Engel, Sohn vom langjährigen Bläck-Fööss-Sänger Tommy Engel, spielt dort Keyboard und Christian Blüm, Sohn von CDU-Rentner Norbert Blüm, Schlagzeug.

Doch ich singe nichts dergleichen. Ich entscheide mich gleich für die Mutter aller Karnevalslieder: den »Treuen Husaren«. Das Lied ist zwar wahrscheinlich österreichischen Ursprungs, aber die erste in Köln gefundene Abschrift stammt von 1791 und wurde im Nachlass des Kölner Stadtkommandanten Caspar Josef Carl von Mylius gefunden.

»Der treue Husar« hat den Karneval quasi miterfunden, zumindest war er von Anfang an dabei. Außerdem hat er alles, was ein anständiges Lied braucht: eine einfache Melodie, der man dennoch nicht so leicht entkommt, sowie einen Text über Liebe, Liebe und nochmals Liebe. Und wie in jedem guten Countrysong sind am Ende alle kreuzunglücklich oder tot. Das hat doch eine ungemein größere emotionale Wucht als Bernd Stelters »Ich hab ne Zwiebel auf dem Kopf, ich bin ein Döner«. Und ein Feinsliebchen kommt auch drin vor. Das berüchtigte Trachtenduo Marianne & Michael schreckte vor so viel Dramatik zurück und kastrierte das Lied in ihrem Stadl zu einem schmierigen Familienidyll, in dem nur noch geliebt, aber nicht mehr gestorben wird.

Der echte »Treue Husar« kann jedoch machen, dass Leute, die sich über das Jahr aus guten Gründen mit dem Arsch nicht angucken würden, am Rosenmontag einander selig in den Armen liegen und begeistert mitschmettern, wenn der große Spielmannszug die Melodie anstimmt und der Gesang von ihrer Lieblichkeit, der Altstadtprinzessin Hatice I., angeführt wird, was freilich nicht heißt, dass sich dieselben Leute nicht fünf Minuten später um Kamelle kloppen oder den Migrationshintergrund von Hatice I. lautstark anprangern würden. Es ist ja nur ein Lied, die Leute werden nicht besser davon.

Trotzdem entwickelt der ehrwürdige Schmachtfetzen eine eigentümliche Kraft, und wohl deswegen hat ihn Stanley Kubrick in die Schluss-Szene seines Films »Wege zum Ruhm« eingebaut, sogar Louis Armstrong höchstpersönlich hat ihn verjazzt. Ich mag den »Husaren« am liebsten als langsame Bläserversion, und um die zu hören, stelle ich mich meist am Ende des Zugweges auf: Da sind die Kapellen schon seit zehn Stunden auf den Beinen und können gar nicht mehr so zackig spielen, wie sie sollen. Den Liedern tut das gut.

Außerdem hätte ich mir eine Coverversion von Johnny Cash gewünscht, aber der ist ja tot, deswegen drehe ich meine Stimme eine halbe Oktave nach unten und lege los:

Es war einmal ein treuer Husar,
der liebt' sein Mädchen ein ganzes Jahr,
Ein ganzes Jahr und noch viel mehr,
die Liebe nahm kein Ende mehr.

Der Knab', der fuhr ins fremde Land,
derweil ward ihm sein Mädchen krank.
Sie ward so krank bis auf den Tod.
Drei Tag, drei Nacht sprach sie kein Wort.

Und als der Knab' die Botschaft kriegt,
daß sein Herzlieb am Sterben liegt,
verließ er gleich sein Hab und Gut,
wollt seh'n, was Feinsliebchen tut.

Ach Mutter, bring' geschwind ein Licht.
Mein Liebchen stirbt, ich seh' es nicht.
Das war fürwahr ein treuer Husar,
der liebt' sein Mädchen ein ganzes Jahr.

Und als er zum Herzliebchen kam,
ganz leise gab sie ihm die Hand,
die ganze Hand und noch viel mehr,
die Liebe nahm kein Ende mehr.

»Grüß Gott, grüß Gott, Herzliebste mein!
Was machst du hier im Bett allein?«
»Hab Dank, hab Dank, mein treuer Knab'!
Mit mir wird's heißen bald: ins Grab!

Grüß Gott, grüß Gott, mein feiner Knab'.
Mit mir will's gehen ins kühle Grab.«
»Ach nein, ach nein, mein liebes Kind,
dieweil wir so Verliebte sind.

Ach nein, ach nein, nicht so geschwind,
dieweil wir zwei Verliebte sind;
Ach nein, ach nein, Herzliebste mein,
die Lieb und Treu muß länger sein.«

Er nahm sie gleich in seinen Arm,
Da war sie kalt und nimmer warm;
»Geschwind, geschwind bringt mir ein Licht!
Sonst stirbt mein Schatz, daß's niemand sicht.«

Und als das Mägdlein gestorben war,
Da legt er's auf die Totenbahr.
»Wo krieg ich nun sechs junge Knab'n,
die mein Herzlieb zu Grabe trag'n?

Wo kriegen wir sechs Träger her?
Sechs Bauernbuben, die sind so schwer.
Sechs brave Husaren müssen es sein,
die tragen mein Herzliebchen heim.

Jetzt muß ich tragen ein schwarzes Kleid,
das ist für mich ein großes Leid,
Ein großes Leid und noch viel mehr,
die Trauer nimmt kein Ende mehr.«

Wahnsinn, oder? Sehen Sie. Genau das fand Concetta auch.

11 Bands und Musiker aus dem Rheinland, die überwiegend eher keine Karnevalsmusik machen

* **Erdmöbel, Köln**
  Spätestens seit dem Album »Altes Gasthaus Love« gelten die Wahlkölner aus Westfalen dem Feuilleton als Aushängeschild des intellektuellen Kammerpop mit Hitpotenzial. Sogar in den Texten der Erdmöbel taucht das Rheinland manchmal auf, zum Beispiel im Lied »Die Devise der Sterne«:

»Und nachts das heilige Köln, lag auch nur auf nem Mond der Sonne«

* **Friedemann Weise, Köln**
Friedemann Weise bezeichnet sich selber als »Jack Johnson auf Hartz IV«, seine Musik als »Satire-Pop« und hat zumindest mit Letzterem recht.

* **Cris Revon, Köln**
Die Initiative »*Loss mer singe*« hat sich der Pflege kölschen Liedguts verschrieben und veranstaltet deswegen Mitsingkonzerte, Textblatt inklusive. In zahlreichen Kneipenkonzerten werden bekannte und unbekannte Karnevalslieder vorgestellt, dann wird der »Kneipenhit der Session« gekürt. 2011 war es der auf Hochdeutsch gesungene Hit »Innere Kanal« von Cris Revon.

* **PeterLicht, Köln**
»Ich mache Töne, wie das alles zu verstehen ist, da will ich eigentlich gar nichts sagen«, sagt der gebürtige Schwabe PeterLicht, der sein Gesicht in der Öffentlichkeit nicht zeigen mag. 2000 schrieb er mit »Sonnendeck« einen veritablen Sommerhit, 2006 folgten »Lieder vom Ende des Kapitalismus«, und 2007 brillierte er leichtfüßig beim Vorlesewettbewerb in Klagenfurt.

* **Götz Widmann, Bonn**
Götz Widmann begann seine Karriere mit dem Liedermacher-Duo »Joint Venture« und blieb auch nach dem frühen Tod von Mitstreiter Martin »Kleinti« Simon der Wandergitarre treu. Irgendwo

zwischen Wader, Söllner und Insterburg bewegen sich die Lieder des Grandseigneurs der Liedermachingszene.

* **Bambam Babylon Bajasch, Köln**
Die Band macht Ragga-Punk und vermischt Dub, Reggae, Punk und Breakcore mit anglo-kölschen Texten, covert aber auch schon mal Lieder der Edelweißpiraten, einer äußerst renitenten Jugendbewegung in der NS-Zeit.

* **Jürgen Zeltinger, Köln**
Der »Asi mit Niwoh« nimmt unentwegt Alben mit wohlklingenden Titeln wie »Scheiße« oder »Geschmack, Charakter, Zeltinger« auf und brüllt neben eigenen Songs auch kölsche Coverversionen von angloamerikanischen Songperlen.

* **Can, Köln**
Stilistisch enorm einflussreiche Band zwischen Krautrock, Elektro und Stockhausen mit den legendären Musikern Irmin Schmidt, Jaki Liebezeit, Holger Czukay, Michael Karoli und Damo Suzuki. Im Rock'n'Popmuseum in Gronau bei Borken kann man heute das »Inner Space Studio« der Band anschauen.

* **Kraftwerk, Düsseldorf**
Die Elektrolegende schlechthin. Die ersten Popmusiker, die an Knöpfchen statt an Instrumenten drehten und trotzdem einen Hit landeten. Ralf Hütter und Florian Schneider-Esleben haben ebenso Musik- wie Technikgeschichte geschrieben und

sind auch international eine große Nummer. Im Coen-Brüder-Film »The Big Lebowski« gibt es eine hübsch satirische Hommage an die seltsam technikverliebten Krauts.

* **Fehlfarben, Düsseldorf**
Entstanden im kreativen Sumpf des Ratinger Hofs, mischte die Band um Peter Hein den Düsserldorfer Punk mit britischem Ska und New Wave, hüpfte aber umgehend aus jeder Schublade heraus, in die sie gesteckt wurde, und lieferte mit »Monarchie und Alltag« einen der schönsten Plattentitel der Welt ab. Während sich vergleichbare Bands in dem Alter mittlerweile hauptsächlich mit ihrer eigenen Musealisierung beschäftigen, veröffentlichen die Fehlfarben noch immer relevante, frische Musik.

* **Harald »Sack« Ziegler, Köln**
Der talentierte Herr Ziegler macht berückend schöne Musik zwischen filigranem Popsong und entfesseltem Krach. Gerne auch mit Waldhorn, Kinderspielzeug und Haushaltsgeräten.

10 Dinge, die Sie vom Rheinland gesehen haben sollten

1 **Den Rhein natürlich.** Sie würden ja auch nicht ans Meer fahren, ohne einen Blick darauf zu werfen.

2 **Den Kölner Dom**. Sie müssen ihn ja nicht schön finden.

3 **Das Beethoven-Haus in Bonn**. Weil Bonn eben nicht nur mit verblichener Politprominenz aufwarten kann. Bonngasse 18–26. www.beethoven-haus-bonn.de

4 **Den Melatenfriedhof in Köln** – die rheinische Antwort auf den Friedhof Père Lachaise in Paris. Mit Willy Millowitsch als Jim Morrison. Mit der Straßenbahnlinie 1 gelangen Sie direkt zum Haupteingang (Haltestelle Melaten). www.melatenfriedhof.de

5 **Den Blick auf das Siebengebirge vom Rolandsbogen** (siehe Seite 67), weil es eben keinen schöneren Blick auf Rhein und Siebengebirge geben kann.

6 **Das kurfürstliche Jagd- und Lustschloss Falkenlust** bei Brühl, weil es hübscher ist als das bekanntere Schloss Augustusburg daneben. www.schlossbruehl.de

7 **Die Rheinuferpromenade in Düsseldorf**, weil sie des Rheinlands herausragendste Flaniermeile mit Stadtpanorama ist.

8 **Eine rheinische Eckkneipe**, weil hier das Leben tobt beziehungsweise gemütlich am Tresen lehnt.

9 **Einen *Veedelszug***, weil diese Stadtteilzüge auf den Karnevalsanfänger weniger einschüchternd wirken als die gigantischen Rosenmontagszüge.

10 **Die Loreley.** Weil es eben die viel besungene Lore ist, die auf dem Schieferfelsen sitzt. Ansonsten könnten Sie sich auch die weitgehend unbesungene Erpeler Ley anschauen. Sollten Sie übrigens auch.

10 Dinge, die Sie im Rheinland tun sollten

1 **Mit der Seilbahn über den Rhein in Koblenz** fahren Talstation: Konrad-Adenauer-Ufer, Bergstation: Festung Ehrenbreitstein. Infos über www.buga2011.de

2 **Auf den Drachenfels steigen**, obwohl es auf der Wolkenburg eigentlich schöner ist

3 **Mindestens ein Kölsch** in Köln trinken

4 **Mindestens ein Alt** in Düsseldorf trinken

5 **Schnösel auf der Düsseldorfer Königsallee** betrachten

6 **Verkleidet im Straßenkarneval** unterwegs sein

7 **Mit der einzigen Einmannfähre Deutschlands** die Sieg überqueren. www.siegfaehre.de

8 **Durch die Wahner Heide** zwischen Porz und Rösrath marschieren. Infos und einen kostenlosen Wegeplan bietet das Bündnis Heideterrasse. www.heideterrasse.net

9 **Das Römisch-Germanische Museum** in Köln besuchen. Roncalliplatz 4, Di–So 10–17 Uhr, jeden 1. Donnerstag im Monat bis 22 Uhr. www.museenkoeln.de

10 **An Bukowskis Geburtshaus** in Andernach klingeln und fragen, ob Charles zum Spielen rauskommen darf

Wörterbuch

Was man im Rheinland so sagt (oder eben lieber nicht sagt)

Das ganze Rheinland ist ja furchtbar kleinteilig organisiert, größere Organisationseinheiten nimmt der Rheinländer traditionell als Bedrohung der eigenen Person wahr: Da kennt er ja keinen, da hört ihm niemand zu, da fremdelt er gehörig.

Dass es dennoch etwas geben könnte, das größer ist als das eigene *Veedel*, sieht der Rheinländer zwar *amunfürsisch* ein, doch wendet er sich sogleich erschrocken ab und murmelt sein altehrwürdiges Mantra der Selbstberuhigung: »*Dat es für misch persönlisch uninteressant.*«

Auch in den Dialekten macht sich diese eigenwillige Zersplitterung bemerkbar. Im *Jrundprinzipp* spricht jeder Rheinländer seinen eigenen Dialekt und hat für die alttestamentarische Sprachverwirrung in Babel nur ein müdes Lächeln übrig: »*Dat ham wir schon immer esu jemäät.*«

Und natürlich in jedem Dorf anders.

Simple Stachelbeeren etwa wurden in Bornheim *Knuscheln*, *Knurschele* oder *Krüppele* genannt, ein paar Meter weiter, in Bonn, hießen sie schon *Köhschäpelter* oder *Grün-*

schele. So steht jedenfalls im »Rheinischen Mitmachwörterbuch« des Landschaftsverbandes Rheinland, das sich eben diesen sprachlichen Haarspaltereien verpflichtet fühlt.

Die rheinischen Dialekte sind nämlich am Verschwinden am sein, warnen die Sprachforscher. Schuld daran sind wie immer: Globalisierung, Fernsehen, Killerspiele und die 68er.

Gerade wegen ihres schlechten Leumunds als Unterschichtensprachen scheinen die rheinischen Dialekte im Gegensatz zu den süddeutschen von dieser Entwicklung besonders betroffen.

Glücklicherweise ist es aber durchaus nicht Hochdeutsch, was da mittlerweile aus den zeitgenössischen Rheinländern hervorquillt. Die vielfältigen Dialekte sind lediglich einer etwas weniger ausdifferenzierten, regional gefärbten Umgangssprache, dem Regiolekt, gewichen.

In der folgenden Auflistung finden sich deswegen nur mehr Ausdrücke und Redewendungen, die noch immer im zentralrheinischen Regiolekt zu finden sind, quasi Klassiker rheinischen Denkens und Fühlens.

Rheinische Philosophie

Uss dä lameng

Weil der Rheinländer sich unter allen Erdenbürgern mit den größten Geistesgaben gesegnet glaubt, muss er sich nicht mit langwierigen Vorbereitungen und Planungen aufhalten, die ihn in seinem Schaffensdrang bloß aufhalten würden. Er macht alles *uss dä lameng*, quasi in einem einzigen eleganten Handstreich. So ist beispielsweise auch die Kölner U-Bahn *uss dä lameng* entstanden. Der Ausdruck *lameng* entspringt natürlich dem französischen »la main«, weswegen die Redewendung korrekt übersetzt

»aus der der Hand« bedeutet. Das wirkt fast ebenso polyglott, wie eine Frittenbude »Bei chez Pitter« zu nennen.

Aber die Franzosen waren eben nicht lang genug im Rheinland, als dass man deren komplizierte Sprache mit Artikeln und allem Pipapo richtig hätte erlernen können. Im Wortschatz des Rheinländers sind lediglich einige verballhornte Restposten verblieben, die genauso geschrieben werden, wie der Rheinländer sie damals gehört hat, zum Beispiel das *Malör* (Malheur), die *Klör* (Couleur = Farbe) oder das *Trottewar* (Trottoir = Bürgersteig). Den mittlerweile ebenfalls verbreiteten *Kuaför* haben dagegen erst türkische Gastarbeiter angeschleppt, die vom Produktionsband hinter die Schere gewechselt sind. Die berühmten »Fisimatenten« wiederum stammen nicht aus der Franzosenzeit, auch wenn das immer wieder behauptet wird.

Fisimatenten

Fisimatenten sind nicht zu verwechseln mit den *Fisternöllchen*. Letzteres bezeichnet nämlich eine heimliche Affäre, während Ersteres ganz allgemein Unsinn ohne zwingend erotische Komponente bedeutet.

Dass die Etymologie dieses Ausdrucks von napoleonischen Soldaten rührt, die den vorbeiflanierenden rheinischen Fräuleins »Visitez ma tente« (»Besuchen Sie mein Zelt«) zuraunten, während sie von ihren Müttern vor eben jenen Besuchen (»Fisimatenten«) gewarnt wurden, ist eine sehr hübsche Geschichte für den historisch interessierten Herrenabend. Sie hat nur einen einzigen entscheidenden Nachteil: Sie stimmt nicht.

Das Wort wurde bereits 1499 in einer alten kölnischen Chronik erwähnt und leitet sich wahrscheinlich vom Wort »Visament« ab, mit dem heraldisch bedeutungsloses Gestrüpp wie Ranken oder Blätter an einem Wappen bezeichnet wurde. Fisimatenten sind also unnützer Zierrat und unter diese Rubrik fällt in den Augen des Rheinländers eigentlich alles, was er sich nicht selbst ausgedacht hat: Die Aufklärung? Säkularisierung? Finanzielle Transparenz in öffentlichen Angelegenheiten? Alles Fisimatenten.

»*Kenne mer nit, bruche mer nit, fott damit*«, grummelt der Rheinländer dann gerne und schaut noch tiefer ins Kölschglas als nötig. Dabei ist der Rheinländer nicht unbedingt aus Überzeugung konservativ, er ist bloß zu faul, sich mit neumodischem Kram zu beschäftigen.

Konrad Adenauer, der rheinischste aller Politiker, hatte das begriffen und wollte sich mit dem Slogan »Keine Fisimatenten« zur Wiederwahl stellen, aber natürlich wurde der rheinische Sinnspruch für die bundesweite Kampagne dann doch lieber ins Hochdeutsche übersetzt. Dem politischen Motto »Keine Experimente« konnten 1957 denn nicht nur die Rheinländer, sondern knapp über 50 Prozent aller Wähler zustimmen. Was wiederum beweist, das der Rest des Landes auch nicht besser ist.

Ett hätt noh äwwer jot jejange

Die beachtliche gedankliche Faulheit des Rheinländers wird von wohlmeinenden Rhenophilen wie etwa dem aus Tirol stammenden Kabarettisten Konrad Beikircher gern mit Optimismus verwechselt. Tatsächlich aber ist die Weltanschauung des Rheinländers von einer tranigen Wurschtigkeit geprägt, wie sie gern den Bewohnern tropischer Länder untergeschoben wird, in dieser exquisiten Bräsigkeit aber nur entlang des Rheins gedeihen konnte. Die Sommer im Rheintal sind heiß und feucht, die Luft klatscht wie ein nasses Handtuch ins Gesicht, der Fluss moddert griesgrämig vor sich hin, und wenn es schließlich zu nieseln beginnt, ist der Sommer auch schon vorbei, während der Wechsel vom Niesel- zum Schnürregen den Übergang zum Winter anzeigt.

Do maachse nüüss dran.
Wegen dieser ganzjährigen Feuchtigkeit hat sich der Fatalismus entlang des Rheins ausbreiten können wie der Schimmel in einem schlecht belüfteten Badezimmer. Und auch der rheinische Humor ist nichts anderes als aufquellende Gemütsfeuchte, aber das sagt ja schon das Wort selber.

Hier einige aus den Tiefen des rheinischen Geistes geschürfte Preziosen vollendet fatalistischer Weltbetrachtung sowie zirkulärer Logik, die sogar die alten Stoiker wie hibbelige Selbstverwirklicher aussehen lassen:

- *Ett kütt, wie ett kütt.*
- *Wat fott es, es fott.*
- *Wat willse maache?*

Mit diesen dürren Sätzen können Sie bei fast allen gesellschaftlichen Anlässen (etwa Geburtstagen oder Todesfällen) glänzen, aber auch komplizierte Themen wie globale Erwärmung oder die Finanzkrise diskutieren.

Die Antwort auf die letztgestellte Frage »*Wat willse maache?*« lautet selbstverständlich »*Do maachse nüüss dran.*« Warum auch? Denn, und da ist sich der Rheinländer ganz sicher, obwohl ihm die Realität täglich das Gegenteil beweist: *Ett hätt noh äwwer jot jejange.*

Dieser Satz gilt als rheinisches Grundgesetz und wird zu den unpassendsten Gelegenheiten herausgekramt. Dem Editorial zum Jahreswechsel 1933 setzte der Bonner »General-Anzeiger« dieses bis heute beliebte Credo rheinischer Schnurzpiepegalität voran, bei der Planung der Kölner U-Bahn wird es gemurmelt worden sein und als die Bonner einem windigen koreanischen Investor fast die komplette Stadtkasse überließen.

Für misch persönlisch uninteressant
Diese Aussage dient ausschließlich der Selbstberuhigung verwirrter Rheinländer und bedeutet eigentlich: »Das verstehe ich nicht. Das macht mir Angst«, was der Rheinländer aber nie zugeben würde. Denn auch für den Rheinländer gilt, was Hanns Dieter Hüsch einst dem Niederrheiner zuschrieb: weiß nichts, kann aber alles erklären. Dennoch stößt auch der rheinische Mensch bisweilen an die Grenzen seiner geistigen Kapazitäten. Denn es gibt Dinge zwischen Himmel und Erde (Ufos, Westfalen, Parkscheinautomaten), die sind ... »*für misch persönlisch uninteressant*«, würde der Rheinländer schnell ergänzen, all dies aber weiterhin kritisch beäugen.

Komm, jeh fott
Mit diesem reizvollen Paradoxon signalisiert der Rheinländer ungläubiges Staunen. Daraufhin lässt er sich noch einmal die Sachlage erklären und reagiert entweder mit einem entzückten: »*Isch werd bekloppt*«, wenn er es verstanden hat, oder dem ängstlichen »*Für misch persönlisch uninteressant*«, wenn es seinen Horizont übersteigt.

Zwischenmenschliches

Isch däu dir ne Jewinde in de Haals, dat do ding Fröhstöck erungeschruuwe kanns.

Oder eben: »*Isch klopp dir ne Treppe in de Haals, dat do ding Fröhstöck erungetraache kanns.*«

So schön kann herumprollen sein, wenn man nur die richtigen Worte findet. Listen and repeat.

Hasse en Ratsch am Kappes?
Mit einem *Ratsch am Kappes* wird dem Gesprächspartner ein Riss im Kopf attestiert. Medizinisch korrekt müsste

man also von einem Schädelbasisbruch sprechen. Gilt im Rheinland als höfliche Nachfrage.

Leck misch an de Tesch!
Mit diesem surreal anmutenden Ausruf des Erstaunens wird der Gesprächspartner aufgefordert, dem Sprecher einmal kräftig an der Tasche zu lecken. Vermutlich wurde die Tasche aber bloß als ziemlich willkürlich gewählter Euphemismus für einen zu leckenden Arsch in die Redewendung geschmuggelt. Schade. Ich möchte anregen, diese Redewendung auch einmal im Hochdeutschen anzuwenden: »Bitte lecken Sie recht heftig meine Tasche, der Herr.«

Rheinische Mythologie

Ähzebär
Der Erbsenbär ist eine Figur, die noch heute im alemannischen Karneval beheimatet ist und früher auch im rheinischen ihr Unwesen getrieben haben muss. Das Ganzkörperkostüm wird aus langen Halmen des Strohs der Futtererbse hergestellt: sieht natürlich irre aus, ist aber auch ziemlich brandgefährlich. Weil sich der kölsche Karneval zu späterer Stunde in verrauchte und knüppelvolle Spelunken verzieht, ist der *Ähzebär* dort aus der Mode gekommen beziehungsweise von Kölner Schneidern durch das weniger entzündliche Kostüm des Lappenclowns (siehe Seite 215) ersetzt worden.

Blötschkopp
Der *Blötschkopp* hat einen *Ratsch am Kappes* beziehungsweise eine Delle (*Blötsch*) im Schädel, was ihn als intellektuellen Minderleister auszeichnet. Sein Auskommen findet er dennoch: und zwar als Büttenredner im Karneval. Bürgerlich

heißt der *Blötschkopp* Marc Metzger, stammt aus Bad Neuenahr und verdient als professioneller Büttenredner mit gut abgehangenen Witzen grob geschätzt einige Fantastilliarden pro Session. Ganz doof ist er also nicht, der *Blötschkopp*.

Dilledöppchen

Als *Dilledöppchen* bezeichnete man ursprünglich einen Kreisel, der mit der Peitsche angetrieben wurde. Heute werden weibliche Karnevalstanzgruppen so genannt.

Unter *döppen* versteht man im Rheinland auch eine ans Waterboarding gemahnende Praktik, die neben der Arschbombe als Lieblingsbeschäftigung heranwachsender Freibadrowdys gilt und der Kontaktanbahnung zum weiblichen Geschlecht dienen soll.

Einfaches »Drücken« dagegen heißt *däuen* und »ziehen« heißt *trecken*, wie sich auch auf der Eingangstür der Kölner Stadtbibliothek nachlesen lässt.

Föttchesföhler

Der rheinische Karneval ist nicht gerade für seine Subtilität bekannt, das gilt gerade auch in erotischen Belangen. Was anderswo als sexuelle Belästigung angeprangert wird, geht im *Fastelovend* mancherorts noch als nonverbaler Flirt durch. Der *Föttchesföhler* ist also ein ziemlich ordinärer Hinterngrabscher und würde überall auf der Welt als Beleidigung verstanden werden. Nicht so im Rheinland, hier nennen sich Karnevalsbands »Föttchesföhler«, um diesen schönen Brauch nicht in Vergessenheit geraten zu lassen.

Hunksfott

Der *Hunksfott* ist ein Canidengesäß beziehungsweise ein Mensch, dessen Charakter an einen Hundepopo gemahnt. Wie auch immer man sich das vorzustellen hat. Man erkennt ihn aber, wenn man ihn sieht.

Kappesbuur
Der *Kappesbuur* ist ein Landwirt, der vorzüglich Kohlköpfe anbaut. Damit weist er sich als Bewohner der Provinz, vor allem des Vorgebirges, und in den Augen der feinen Großstädter als ungebildete und grobschlächtige Person aus.

Krawallbotz
Die *Krawallbotz* wiederum ist ein unangenehm lauter Mensch, dessen Beinkleid (*Botz*) stets auf Krawall gebürstet scheint.

Klüngel
Der *Klüngel* ist eine denkmalgeschützte Volkstradition, die bestimmend ist für die Identität des Rheinländers. Mit Korruption hat das alles nichts zu tun. Ursprünglich bezeichnete ein »Klüngel« jedoch einen Lumpen, Knäuel oder Klumpen, was insofern stimmt, als dass die Strippenzieher des *Klüngels* wie der »Troisdorfer Immobilien-Gigant« (»Der Westen«) Josef Esch tatsächlich ausgemachte Lumpen sind.

Möpp, fiese
Der Mopp ist eigentlich ein ganz oller Scheuerbesen für ganz besonders verranzte und staubige Ecken. Als Personenbezeichnung also wirklich kein Kompliment.

Panz
Ein *Panz* ist ein Kind und *Pänz* dessen Mehrzahl. Mittlerweile ist *Pänz* als rheinisches Äquivalent zum englischen »Kids« als informelle Bezeichnung für Kinder salonfähig geworden und prangt auf den Türen zahlreicher Betreuungseinrichtungen. Was den Rheinländer allerdings bewogen hat, die Bezeichnung für den eigenen Nachwuchs, die etymologisch mit dem »Wanst« verwandt ist, ausgerechnet vom

Pansen, dem Magen der Wiederkäuer, herzuleiten, bleibt sein Geheimnis. Man will es auch lieber gar nicht wissen.

Poppeköchekäppesje
Wörtlich übersetzt: Puppenküchenköhlchen. Weltbeste Bezeichnung für Rosenkohl.

raderdoll
heißt auf Hochdeutsch: überdreht, verrückt

Strunzbüggel
Wörtlich übersetzt ist der *Strunzbüggel* eine Angebertasche, quasi eine It-Bag von Prada oder dergleichen. Gemeint ist allerdings ein angeberischer Mensch, da sich *Büggel* (oder *Büjjel*) von seiner ursprünglichen Bedeutung als Tasche emanzipiert hat und als Allroundbegriff für missliebige Typen eingesetzt werden kann. So kann man auch ein Geizhals, ein *Kniessbüggel*, sein.

Stippeföttche
Wenn erwachsene Männer in Fantasieuniformen ihre Hinterteile aneinanderreiben, während sie Holzgewehre zu Marschmusik schwenken, ist das:

a) politisch engagiertes Regietheater, das Auslandseinsätze der Bundeswehr thematisiert
b) eine Spielart aus dem Reich eher bizarrer Erotik
c) altehrwürdiges Karnevalsbrauchtum

Die richtige Antwort lautet natürlich c), auch wenn es unwahrscheinlich klingt. Auf das Kommando »Soldaten, *wibbelt!*« reiben die Karnevalsgardisten tatsächlich ihre Gesäße aneinander.

Wahlweise liegt der Ursprung des *Stippeföttche* in einem heidnischen Abwehrzauber oder in einer Karikierung preußischen Drills, aber das ist letzten Endes auch *drissejal.* Hauptsache ist: Es sieht bekloppt aus. Oh ja.

Tüttenüjjel

Der T. ist ein Umstandskrämer, ein Weichei, ein Nicht-zu-Potte-Kommer und Hänfling, der noch immer nicht aus dem Hotel Mama ausgecheckt hat. Der *Nüjjel* ist ein Schnuller, kann aber auch die Person bezeichnen, die an diesem Schnuller saugt, also quasi den Lutscher. Was *Tütte* in diesem Zusammenhang bedeutet, sollte klar sein.

Wibbelstetz

Der *Wibbelstetz* ist ein ADHS-Patient oder zumindest ein unruhiger Zeitgenosse. Im Niederdeutschen heißt die Bachstelze wegen ihres unablässig wippenden Schwanzgefieders »Wippstert«.

Glossar

Adenauer, Konrad
Mythisch verklärter rheinischer Häuptling aus grauer Vorzeit. Wird oftmals mit Karl dem Großen verwechselt.

Alt
Hauptnahrungsmittel und bestes Bier der Welt im nördlichen Rheinland.

Dom, Kölner
Das schwarze Ding neben dem Bahnhof. Für Kölner: unfassbar schön, für alle anderen vor allem: sehr groß.

Drachenfels
Höchste Erhebung der Niederlande im Rheintal.

Dreigestirn, Kölner
Hauptgottheiten während des kölschen Karnevals in den Geschmacksrichtungen Bauer, Prinz und Jungfrau.

Düsseldorf
Welthauptstadt der nördlichen Rheinlande.

Elferrat
Politbüro des organisierten Karnevals.

Fächer, Rheinischer
Paradies des Nuschelns, Sprachgebiet der rheinischen Dialekte und ihrer rhein- und moselfränkischen Nachbarn.

FC Köln, 1.
In Köln: Fußballolymp. Woanders: Karnevalsverein mit angeschlossener Ballsportabteilung.

Imi oder Immi
Rheinischer, aber besonders kölscher Neubürger. Wird zunächst argwöhnisch betrachtet, nach einigen Lokalrunden aber zügig assimiliert, zumindest für den betreffenden Abend. Hat es trotz allem leichter als seine Leidensgenossen, zum Beispiel der Berliner »Schwabe« oder der »Reingeschmeckte« im Ländle.

Jeföhl, kölsches
Wärmendes Gefühl in der Lendengegend, das den Kölner beim Anblick des Domes oder beim Leeren eines Kölschglases befällt. Tritt beides zusammen ein, fängt er unwillkürlich an zu schunkeln.

Jung, leeve
Eigenbezeichnung des Rheinländers, auch wenn er gerade eine Haftstrafe wegen Raubmordes und Zuhälterei absitzen sollte. In seinen Augen ist und bleibt er trotz allem: *ne leeve Jung.*

Karneval
Jeweils ab dem 11. November Staatsreligion der Rheinlande, ab Aschermittwoch gilt dann wieder Religionsfreiheit.

Klüngel
Wirtschaftsordnung des Rheinlands, wird gern als »Korruption mit menschlichem Antlitz« verklärt.

Köln
Welthauptstadt der südlichen Rheinlande.

Kölsch
Hauptnahrungsmittel und bestes Bier der Welt im südlichen Rheinland.

Loreley
Blond gelockte Großmutter aller Centerfolds.

Mädsche, lecker
Sammelbezeichnung vor allem für Loreleys Nachfahrinnen.

Nordrheinwestfalen
Insgesamt erstaunlich funktionstüchtige Zwangsgemeinschaft von Westfalen, Rheinländern und Lippern.

Rheinromantik
Nachvollziehbare Gefühlsaufwallung mit touristischem Nutzwert.

Schäl Sick
Als unerschlossen und barbarisch geltende rechte Rheinseite. Tatsächlich spricht aus diesem Urteil aber nur der Neid der linksrheinisch Wohnenden auf die Abendsonne am rechten Rheinufer.

Veedel
Faszinierender Mikrokosmos und Ort artgerechter Haltung des Rheinländers.

Mischa-Sarim Vérollet
WESTFALEN
Als Leo Frida suchte und Pumpernickel fand – ein Heimatbuch
ISBN 978-3-934918-93-1

© Carolin Wessel

Der in Bielefeld aufgewachsene Erfolgsautor Mischa-Sarim Vérollet zeigt, wie der Balkenhase in Westfalen läuft und die Westfalen ticken!

Mischa-Sarim Vérollet, geboren 1981 auf Gibraltar, strandete mit drei Jahren in Ostwestfalen. Er wuchs in der Provinzmetropole Bielefeld auf, wo er 2004 zum ersten Mal auf einer Poetry-Slam-Bühne stand. Inzwischen ist er einer der bekanntesten Poetry-Slam-Künstler Deutschlands. 2009 erschien der Erzählungsband *Das Leben ist keine Waldorfschule* (ausgezeichnet als *Kuriosester Buchtitel 2009*), 2010 der Roman *Warum ich Angst vor Frauen habe*.

Die *Heimatbuch*-Reihe

CONBOOK VERLAG
www.conbook-verlag.de

Alles zu den Heimatbüchern: **www.heimatbuch.de**